Supervision pédagogique
et réussite scolaire

Luc Girard, Éric McLean,
Dominique Morissette

Supervision pédagogique

et réussite scolaire

**gaëtan morin
éditeur**

Données de catalogage avant publication (Canada)

McLean, Éric, 1937-

Supervision pédagogique et réussite scolaire

Comprend des références bibliographiques et un index.

ISBN 2-89105-447-4

1. Inspection des écoles — Québec (Province). 2. Succès scolaire — Québec (Province). 3. Administration scolaire — Québec (Province). 4. Responsabilité du rendement (en éducation) — Québec (Province). 5. Enseignement — Évaluation. 6. Évaluation en éducation. I. Morissette, Dominique. II. Girard, Luc, 1941- . III. Titre.

LB2891.Q8M34   1992   371.2'009714   C92-096402-8

gaëtan morin éditeur
C.P. 180, BOUCHERVILLE, QUÉBEC, CANADA
J4B 5E6   TÉL. : (514) 449-2369   TÉLÉC. : (514) 449-1096

Dépôt légal 2e trimestre 1992
Bibliothèque nationale du Québec
Bibliothèque nationale du Canada

1 2 3 4 5 6 7 8 9 0   G M E 9 2   1 0 9 8 7 6 5 4 3 2

Révision linguistique : Jacinthe Melançon

TABLE DES MATIÈRES

CHAPITRE 3   Troisième condition
              Des attitudes positives.............................   41

Avertissement

Dans cet ouvrage, le masculin est utilisé comme représentant des deux sexes, sans discrimination à l'égard des hommes et des femmes et dans le seul but d'alléger le texte.

INTRODUCTION

Au Québec, la gestion scolaire s'inspire largement des modèles organisationnels américains, tout en se gardant de les copier ou de les imiter aveuglément. Aussi les structures scolaires organisationnelles du Québec seront-elles comprises et situées à partir de ces modèles, mais elles comporteront un indéniable cachet d'originalité, compte tenu de la nature spécifique de l'école québécoise et du désir de ceux qui y travaillent de conserver cette spécificité.

Une revue des modèles organisationnels proposés du début du siècle aux années 70, fait ressortir que la bureaucratie professionnelle semble être encore aujourd'hui un modèle largement répandu dans la gestion des écoles. Pourtant, après 1970, de nouvelles approches ont proposé des modèles originaux, jugés plus appropriés et plus satisfaisants qu'un modèle mécaniste.

Le système éducationnel québécois a des attentes qui ne peuvent être comblées que par des modèles organisationnels beaucoup plus flexibles et humains. De façon plus précise, les modèles de supervision scolaire suscitent un vif intérêt, puisant leurs fondements épistémologiques à des sources diverses telles que la psychologie, la sociologie, la psychopédagogie, les sciences de la communication, de l'administration, etc.

Malgré leurs racines communes, ces modèles offrent des différences essentielles qui permettent une première classification, soit:

— la supervision scolaire au sens le plus large; les modèles de ce premier type englobent aussi bien la planification que la gestion du personnel et la direction d'école. Ce type de supervision scolaire recouvre donc plusieurs champs d'activité où la productivité et la rentabilité semblent les principaux indices de la qualité de la gestion de l'école.

— la supervision scolaire, au sens plus restreint; ce second type de modèles définit la supervision dite pédagogique, c'est-à-dire un processus d'aide et de soutien en vue d'améliorer l'acte professionnel des divers participants engagés dans l'organisation école.

Selon cette approche, la relation entre le superviseur et la personne supervisée a lieu sur deux axes: l'axe « organisation-école » et l'axe « méthodologique ». Ce dernier axe comprend le cadre fonctionnel et le cadre de référence, que le superviseur délimitera grâce à une grille de diagnostic. À notre avis, cette démarche peut entraîner un exercice de pouvoir de la part du superviseur, même si le modèle met l'accent sur la relation d'aide comme base du processus. En effet, les initiatives viennent en premier lieu du superviseur qui, en plus, détermine seul le sens que prendra la relation. Dans ce modèle, la préoccupation majeure est l'efficience. Reste à savoir comment atteindre cet objectif primordial: par une planification des plus rigoureuses? par un meilleur encadrement pédagogique? par une évaluation stricte et des activités de contrôle de la personne supervisée?

Le modèle de supervision pédagogique présenté dans cet ouvrage propose une philosophie et une démarche de supervision où la dimension humaine prime sur toutes les autres dimensions.

Malgré ses emprunts aux modèles de supervision clinique et de supervision par les pairs, cet ouvrage se veut original à plusieurs égards. Principalement, il définit la fonction de supervision comme une relation d'aide d'**égal** à **égal**. Il suggère aussi une participation active de la personne supervisée à la prise de décision, au même titre et au même moment que le superviseur, les deux visant le même objectif.

Tout au long de cet ouvrage, nous insistons sur la façon de vivre les étapes d'une supervision (cueillette de données, analyse, plan d'action), c'est-à-dire en tenant compte essentiellement de la dimension humaine, du climat, de la nature et du sens des relations.

Cet ouvrage s'appuie sur un préalable essentiel. La **qualité totale du produit**, la **réussite scolaire**, la **qualité de la formation** et l'**élitisme démocratisé** doivent être les leitmotivs de toute école. Rappelons toutefois que l'atteinte de ces objectifs dépend en grande partie de la qualité des personnes engagées. Sinon, pourquoi l'école?

Les écoles dites performantes ou, en d'autres mots, celles qui atteignent ces objectifs ont fait de la supervision pédagogique la fonction la plus importante, après l'enseignement.

Aussi visons-nous à définir certaines conditions susceptibles de favoriser l'acceptation et, partant, l'efficacité d'un processus de supervision pédagogique à la fois systémique, systématique et profondément humain.

1

PREMIÈRE CONDITION

Un but commun

INTRODUCTION

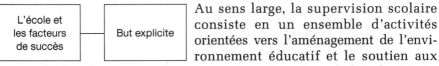

Au sens large, la supervision scolaire consiste en un ensemble d'activités orientées vers l'aménagement de l'environnement éducatif et le soutien aux agents d'éducation en vue de respecter les orientations de l'école (Morissette *et al.*, 1990). Conformément à cette vision de la supervision, le directeur d'école devrait veiller à l'ensemble des responsabilités administratives, notamment au contrôle de toutes les facettes de l'organisation, y compris ce qui a trait aux actes d'ordre strictement pédagogique. Son rôle serait, bien sûr, de gérer, mais aussi d'assister, de diriger et de superviser tout ce qui se passe dans l'école, le vécu pédagogique n'en constituant qu'un des nombreux volets.

Au sens restreint, la supervision pédagogique consiste en un ensemble limité d'activités orientées directement vers un aménagement de l'enseignement et des actes pédagogiques, en conformité avec les orientations de l'école (Morissette *et al.*, 1990). Prise dans ce sens, la supervision pédagogique porterait sur un seul objet, prioritaire en contexte scolaire, soit le processus d'enseignement: sa planification, sa réalisation sous forme d'interaction en classe, ainsi que l'évaluation des apprentissages (les produits et les processus d'acquisition).

Au sens large aussi bien qu'au sens restreint, la supervision pédagogique comporte toujours une caractéristique essentielle, elle s'oriente vers un but. En effet, les comportements et les activités de supervision n'ont aucun sens en eux-mêmes. Ce sont les buts et les finalités, donc en dernier ressort les **valeurs** de l'école qui donnent aux comportements et aux activités de supervision leur signification, qui permettent d'en établir la pertinence et la qualité.

Voilà pourquoi, dans ce premier chapitre, nous tentons de définir les fondements de la supervision en répondant à la question suivante: En vue de quoi faut-il superviser ce qui se passe à l'école? Après avoir répondu à cette question et, à cet effet, mis en évidence le but poursuivi par l'école, nous regrouperons les principaux facteurs qui contribuent à sa poursuite. Nous créerons ainsi un modèle général d'organisation de l'école, c'est-à-dire un modèle théorique susceptible de s'appliquer à la plupart des activités scolaires. Il s'agit surtout d'un modèle qui réunit les actions, les comportements et les activités en vue d'un but commun, premier critère permettant d'en apprécier la pertinence et la qualité.

LE BUT POURSUIVI EN SUPERVISION

Définir le but de la supervision pédagogique, c'est, inévitablement, se prononcer sur le but de l'enseignement ou rappeler la fonction prioritaire de l'école: la formation fondamentale des jeunes, autrement dit

> «ce qui résulte des apprentissages essentiels à un développement personnel continu et à une insertion dynamique dans une société en voie de développement rapide et constant». (Conseil supérieur de l'éducation, 1984)

Or, les apprentissages essentiels, qui font partie de la mission de l'école et qui contribuent à la formation fondamentale des élèves, ce sont d'abord et avant tout les habiletés cognitives, affectives et psychomotrices définies dans les programmes scolaires. La supervision pédagogique remplira sa fonction spécifique lorsqu'elle contribuera à améliorer ou à maximiser l'efficacité de tous les facteurs contribuant à l'acquisition des apprentissages décrits dans les programmes, bref lorsqu'elle contribuera au succès scolaire.

> «La fonction de l'école est bien la transmission des savoirs. Mais l'apprentissage ne se décrète pas. Il s'effectue, pour chacun, de manière active et singulière. Et c'est l'apprentissage réussi qui, à l'école, est véritablement éducatif.» (Meirieu, 1990)

Mais alors se pose le problème, à la fois épistémologique et pratique, de définir les manifestations de ce succès scolaire. Car au moment de l'action pédagogique, il faut choisir les conditions les plus favorables à la formation. Et qui dit choix, dit comparaison, évaluation, mesure: des opérations qui ne peuvent se faire que sur des objets observables, quantifiables ou tout au moins qualifiables. D'où la nécessité d'examiner attentivement la façon de définir concrètement («opérationnellement», dit-on en théorie de la mesure) non seulement l'apprentissage réussi, mais aussi les contributions des divers facteurs à cet apprentissage.

Avant de suggérer des réponses ou des solutions à ces problèmes d'opérationnalisation, nous croyons utile de rappeler les principales données de la recherche dans le domaine des apprentissages scolaires. Nous pourrons par la suite mieux juger de ce qui est possible et souhaitable, en enseignement comme en supervision, et mieux choisir les facteurs et les conditions susceptibles de contribuer à la formation des jeunes, but ultime de l'école.

Données de recherche

Au cours des 20 dernières années, la recherche a semblé confirmer les propositions suivantes concernant les principaux facteurs susceptibles d'influencer le rendement scolaire des élèves, donc d'affecter l'efficacité de l'enseignement.

1. **La formation des élèves peut être mesurée** avec validité et fidélité dans plusieurs domaines importants. Les tests et les examens standardisés permettent d'évaluer les apprentissages cognitifs, psychomoteurs et même affectifs accomplis à l'école, surtout ceux qui se rapportent aux programmes officiels.

2. **L'enseignant et l'école ont un effet significatif sur le succès** des élèves aux tests ou aux examens standardisés. Les éducateurs qui accomplissent leur tâche avec excellence permettent aux élèves de mieux réussir leurs apprentissages et, en bout de ligne, d'être mieux éduqués, mieux formés.

3. Généralement, **les élèves attentifs ou actifs en classe réussissent mieux** que les autres. Un enseignant doit éveiller l'attention de ses élèves pour maximiser leurs chances de réussite.

4. Dans une classe, **le temps passé par les élèves à accomplir des activités significatives, en relation avec les objectifs des programmes, a une influence directe sur la quantité et la qualité des apprentissages.** Un élève actif et attentif apprend plus et mieux, c'est ce que semble confirmer la recherche.

5. **Les élèves qui réussissent des travaux et des contrôles journaliers ou périodiques ont plus de chances d'obtenir de meilleurs résultats** aux tests ou aux examens standardisés. Le fait d'atteindre les objectifs intermédiaires d'un programme ne garantit pas l'atteinte des objectifs terminaux ou intégrateurs ; cependant, c'est ce qui se produit dans la majorité des cas.

6. Lorsque les enseignants présentent en classe la plupart des éléments (habiletés et contenus) prescrits aux programmes et évalués aux examens ou aux tests standardisés, les élèves ont plus de chances d'y obtenir des résultats élevés. Autrement dit, **pour atteindre les objectifs des programmes, il faut les poursuivre réellement en classe au moyen d'exercices qui s'y rapportent explicitement.**

7. **Les programmes, en tant que tels, ne suffisent pas nécessairement à donner une meilleure formation** ; c'est en classe que cette formation s'accomplit. Si le style d'intervention qu'adopte l'enseignant ou le type de stratégies pédagogiques appliqué en classe n'est pas conforme au contenu des programmes, la formation risque de dévier par rapport aux attentes. C'est le cas, par exemple, lorsque les actes d'un enseignant vont à l'encontre de ce qu'il enseigne (lorsqu'il donne le mauvais exemple).

8. L'école peut contribuer à la réussite des apprentissages et à l'acquisition d'une excellente formation chez des élèves de toute provenance socio-économique. Les élèves qui viennent de milieux défavorisés peuvent atteindre les objectifs des programmes, à la condition que l'école leur fournisse les moyens appropriés.

9. Le directeur d'école exerce une influence énorme sur l'amélioration ou le maintien d'un climat ou d'un environnement propice à une formation de qualité et à une discipline qui contribue à cette formation.

10. Il faut généralement prévoir plusieurs années pour que les méthodes d'enseignement appliquées dans une école s'améliorent sous l'influence de la supervision. De plus, ces améliorations ne se concrétisent que si les actes de supervision sont accompagnés de changements d'attitude. Ainsi, il est inutile de vouloir faire primer les préoccupations pédagogiques dans une école où la direction et le personnel enseignant n'ont pas encore acquis la conviction que cet aspect a priorité sur d'autres, tels que les relations extérieures, les valeurs personnelles, la compétition entre classes, etc. Il faudra également que l'importance accordée à la pédagogie débouche sur des résultats positifs et durables. Ainsi, la conviction pourra s'enraciner, se généraliser à l'ensemble des interventions en classe et devenir une véritable priorité de l'établissement.

11. Il y a une relation entre le concept de soi de l'enseignant et celui des élèves.

12. Il y a corrélation entre le concept de soi et l'apprentissage scolaire.

13. Il y a corrélation entre le résultat scolaire et les attentes de l'enseignant.

14. Les enseignants et les pairs sont portés à avoir plus de comportements d'approche à l'égard d'élèves qui ont des comportements réalistes positifs.

15. Les élèves qui ont un concept de soi réaliste (qu'il soit positif ou négatif) recevront plus d'attention que ceux qui ont un concept de soi irréaliste (positif ou négatif).

En somme, des recherches permettent d'affirmer qu'une amélioration de l'efficacité (plus et mieux pour des ressources identiques) de la formation ou du développement des élèves est possible. Cependant, la recherche confirme aussi que pour y parvenir plusieurs facteurs doivent intervenir simultanément. En effet, il est pratiquement impossible qu'un seul facteur puisse produire des changements dans la formation des élèves. C'est du moins ce que confirment les résultats colligés au moyen des instruments de mesure disponibles actuellement.

Dans leur école, les personnels de direction et d'enseignement peuvent donc contribuer à l'amélioration de la formation des élèves. Pour y parvenir, ils auront à choisir entre plusieurs facteurs. Mais comment s'y prendre? Sur quels facteurs doivent-ils insister et dans quelle séquence? Et tout d'abord, comment peuvent-ils se représenter l'influence de chacun des facteurs et, en même temps, leur interaction?

LES FACTEURS LIÉS À LA FORMATION ET À LA RÉUSSITE

Les données de recherche énoncées précédemment évoquent la présence de plusieurs facteurs ou conditions susceptibles d'intervenir dans la formation des élèves. Cependant, même si l'influence de ces facteurs est confirmée par les résultats de la recherche, les conséquences sur le plan pratique d'une telle confirmation restent négligeables tant et aussi longtemps qu'on ignore comment ils agissent, pris un à un ou regroupés. Il faut donc inclure ces facteurs dans un système logique, dans un modèle théorique qui les ordonne par rapport au but poursuivi, et rend compréhensible leur fonctionnement par rapport à ce but, à la formation ou à la croissance des élèves. Il faut surtout faire ressortir les liens qui unissent ces multiples facteurs, tout en évaluant les conséquences de leurs interactions. Bref, il s'agit de définir le véritable système que constitue toute école: indiquer ses parties et comment elles s'agencent en un tout cohérent.

Les parties du système et leur fonction respective

Dans les paragraphes qui suivent, nous insistons d'abord sur chacune des composantes les plus importantes de l'école, en ayant soin de les situer par rapport au but du système, soit la formation scolaire de qualité. Par la suite, nous donnerons une vue d'ensemble du système, un modèle qui intègre ces composantes. Autrement dit, c'est après avoir défini de façon aussi précise que possible en quoi consiste la formation scolaire voulue que nous parviendrons à circonscrire la fonction des composantes suivantes: les élèves, le personnel de direction, le personnel d'enseignement, le climat, le leadership et la supervision.

Le but de l'école: une formation de qualité

But explicite:
former

Le but ultime de l'école est de contribuer, le plus possible, à donner aux élèves une formation de qualité. Cela doit se traduire par le développement de certaines caractéristiques de leur personnalité. Si nous parlons de «certaines caractéristiques», c'est que l'école n'est qu'un des nombreux agents d'éducation et que, en règle générale, la société limite son intervention directe aux connaissances, aux habiletés et aux attitudes prescrites dans les programmes officiels. C'est donc à partir de celles-ci que chaque école définit la formation qu'elle souhaite prioritairement donner, précise le développement qu'elle veut favoriser, choisit ses objectifs d'enseignement et d'apprentissage.

Bien sûr, il arrive que des interventions pédagogiques et, de façon plus générale, des activités scolaires et parascolaires poursuivent d'autres objectifs que ceux des programmes officiels. Cependant, si ces activités ne favorisent pas l'apprentissage des connaissances, des habiletés et des attitudes considérées obligatoires par le milieu, ni les parents, ni les jeunes, ni les membres de l'administration ou de la commission scolaire ne croiront à leur efficacité ou à leur pertinence.

Quant à définir ce qui, dans les programmes officiels, est obligatoire pour un milieu donné, il faut dire qu'une certaine latitude est laissée aux établissements. Ils peuvent adapter l'enseignement, et le contenu des examens, aux besoins individuels et sociaux propres au milieu. Il reste qu'une grande partie du champ des apprentissages est d'ores et déjà obligatoire. C'est principalement sur cette partie que portent les épreuves et les examens standardisés, surtout ceux qui viennent de l'extérieur de la classe (de l'école, de la commission scolaire ou du Ministère).

En termes encore plus concrets, cela signifie que, en dernier ressort, l'efficacité et la pertinence d'une activité scolaire ou d'une intervention pédagogique s'observent, se mesurent et s'évaluent en comparant les résultats obtenus aux résultats prévus dans les divers programmes. Autrement dit, le critère principal de réussite en milieu scolaire est le rendement des élèves aux examens externes ou internes uniformes, ou le niveau des résultats obtenus aux examens portant sur les matières définies dans les programmes. Ces examens peuvent être donnés par l'ensemble des enseignants d'une école ou d'une commission scolaire ou par un organisme externe privé ou public, le ministère de l'Éducation par exemple.

Le but de l'école : la réussite des épreuves et des examens

| But explicite: réussir |

Pour mesurer et évaluer l'excellence de la formation des élèves, nous privilégions donc le recours à des examens portant sur les programmes, sans rejeter pour autant d'autres critères tels que le degré de satisfaction des parents ou les données de l'évaluation formative inscrites au bulletin descriptif. Ce choix s'appuie principalement sur le fait que les résultats aux épreuves ou aux examens standardisés, externes ou internes, constituent des indices généralement plus stables et valides de l'acquisition des connaissances, des habiletés et des attitudes définies dans les programmes. De cette façon, nous disposons d'informations directement associées au but prioritaire de l'école: une formation de qualité par la maîtrise des programmes.

Il faut reconnaître que les examens et les tests ne disent pas tout de la formation et de l'éducation des personnes. De plus, les résultats qu'ils fournissent ne sont souvent pas les seuls résultats attendus de l'école et de la société. Il y a certainement des objectifs relatifs au bien-être physique et mental, à la communication, à l'activité physique, à l'interaction sociale, qui doivent être poursuivis, même s'ils sont parfois plus difficiles à évaluer au moyen d'instruments de mesure classiques. Ces difficultés de mesure et d'évaluation ne signifient pas qu'il faille ignorer ces composantes importantes des programmes scolaires.

Bref, les épreuves ou les examens uniformes, internes ou externes, donnés sur les contenus explicites des programmes constituent un moyen de cueillette d'informations qui n'est pas parfait. Cependant, nous sommes convaincus qu'il se fonde sur une mesure plus réaliste, plus fidèle, suffisamment valide et mieux acceptée que d'autres formes de mesure. Voyons pourquoi.

Les résultats d'un élève à des examens périodiques uniformes, internes ou externes, prédisent avec fidélité sa réussite à des examens plus importants, entre autres ceux de fin d'année ou de fin d'études.

Il en est ainsi, par exemple, des épreuves préparées par les membres d'un département ou d'une commission scolaire ou extraites de la Banque d'instruments de mesure (MEQ, 1984). À moyen terme, il apparaît que la réussite d'examens périodiques crée un climat général d'étude et génère un effet d'entraînement favorisant le succès dans l'ensemble des écoles où de tels examens ont lieu. En somme, là où le personnel de direction et d'enseignement attache de l'importance aux examens périodiques, les élèves réussissent mieux aux examens officiels de fin d'études.

C'est également dans les écoles où les examens sont bien réussis qu'on observe plus fréquemment d'autres manifestations de l'excellence de la formation. Cette constatation est liée au fait qu'il y a souvent une forte corrélation entre la performance dans les matières scolaires et la performance dans d'autres domaines importants de la vie scolaire. Ainsi, on observe que les élèves qui réussissent le mieux sont plus assidus, qu'ils ont un concept de soi scolaire plus positif, qu'ils participent davantage à la chose scolaire, qu'ils travaillent de façon plus structurée, qu'ils ont de meilleures habitudes de travail à l'école ou à la maison, qu'ils sont moins portés à la délinquance, etc. Bref, la mesure périodique de l'apprentissage des connaissances, des habiletés et des attitudes définies dans les programmes est un gage important d'une éventuelle réussite scolaire des élèves d'une école. Elle peut, à juste titre, être considérée comme un indice majeur de la qualité de la formation qui y est dispensée.

Par ailleurs, lors de la publication des résultats, répartis par établissements, des examens administrés par le ministère de l'Éducation du Québec ou des résultats des enquêtes internationales sur le rendement comparatif des élèves, le public réagit fortement. On doit donc admettre que les examens externes uniformes constituent, aux yeux des gestionnaires, des éducateurs, des parents et de la population en général, des indices importants d'excellence et d'efficacité. Plusieurs comparaisons sont faites et plusieurs décisions sont prises à partir de ces résultats: programmes de rattrapage, de perfectionnement et de recyclage, création de services adaptés, etc.

Bref, sur le plan de la mesure et de l'évaluation, le succès aux examens périodiques permet de prévoir généralement une réussite future. Sur le plan de la formation, cette réussite suscite une motivation générale accrue, tandis que sur le plan social, elle influence directement l'opinion et les décisions de plusieurs personnes, entre autres les parents et les gestionnaires.

S'il s'avère que la réussite à des épreuves périodiques a une importance aussi marquée sur le plan de l'apprentissage et de l'enseignement, il faut en déduire qu'elle a une importance aussi grande sur le plan de la gestion scolaire et de la supervision de l'enseignement. Car il devient alors nécessaire que chaque école mette tout en œuvre pour que la grande majorité des élèves ait le plus de chances possible de réussir. Cette maximisation des chances de succès exige que tous les facteurs susceptibles d'intervenir dans la réussite aux épreuves périodiques soient mis à contribution.

Deux questions se posent alors tout naturellement:

— Quels sont les facteurs qui contribuent le plus à la réussite scolaire?

— Comment maximiser les effets positifs de ces facteurs?

Dans les prochains paragraphes, nous tenterons de répondre à ces questions. Nous présenterons d'abord les cinq facteurs susceptibles de générer l'excellence: l'étude, l'enseignement, la supervision, le climat de l'école et le leadership. Par la même occasion, nous montrerons comment chaque facteur peut produire des effets qui maximisent les chances de réussite et, du même coup, les chances de donner une excellente formation. Nous terminerons en situant tous ces facteurs les uns par rapport aux autres, dans un système cohérent et efficace par rapport au but commun.

L'apprentissage: le rôle attendu de l'élève

> **Apprentissage:**
> – étudier activement
> – poursuivre tous les objectifs
> – atteindre les objectifs graduellement

Les enseignants l'observent et les résultats de la recherche le confirment: les comportements des personnes qui apprennent – ce qu'elles font en situation d'apprentissage et comment elles le font – sont le facteur qui a l'influence la plus directe et la plus marquée sur l'apprentissage, le rendement, la réussite scolaire et la qualité de la formation. Plusieurs résultats de recherche sont même plus explicites. Ils font ressortir trois zones précises des comportements en classe qui semblent associées davantage au rendement ou à la formation des élèves. Ce sont:

1. le **temps de participation** ou le **temps d'engagement** pendant lequel il y a étude réelle ou accomplissement de tâches relatives au contenu d'apprentissage prévu à l'horaire;

2. la **poursuite de tous les objectifs pédagogiques** ou l'étude de tous les contenus des programmes d'étude officiels, plus particulièrement les contenus qui sont évalués par des instruments de mesure standardisés (les examens externes, par exemple);

3. l'**atteinte graduelle des objectifs** des programmes officiels ou l'**excellence des résultats** obtenus à l'occasion des évaluations périodiques, résultats qui indiquent la maîtrise des apprentissages des programmes, au fur et à mesure qu'ils sont étudiés.

Il appert donc que la participation active des élèves, de même que le fait d'étudier toute la matière en classe et d'obtenir, au jour le jour, de bons résultats soient des facteurs ou des indices importants d'un bon rendement scolaire lors des épreuves terminales. En effet, si un élève a passé suffisamment de temps à étudier tous les aspects de la matière qui sera évaluée de façon sommative, un rendement supérieur est prévisible. Le temps d'étude efficace est un indice très important, sinon le plus important, d'un apprentissage ou d'un développement approprié, et donc d'une excellente formation. Voilà pourquoi, après avoir admis que la réussite aux programmes officiels constituait, sur le plan concret, le but ultime de l'école, nous proposons de mettre l'accent sur un premier moyen d'assurer cette réussite, soit l'étude des trois aspects du comportement des élèves lors des activités pédagogiques:

1. le temps d'étude active,

2. la poursuite de tous les objectifs, et

3. le succès continu.

Concrètement, c'est en observant, en mesurant et en évaluant ces trois aspects du comportement qu'on obtiendra le meilleur portrait des efforts consentis pour maximiser l'efficacité d'une activité pédagogique, d'une situation d'apprentissage. Plus il y aura étude active, poursuite de tous les objectifs et succès continu, plus il y aura de chances que l'activité pédagogique soit efficace et qu'elle produise une formation de qualité. De façon pratique, cela se manifestera par un succès aux examens uniformes externes périodiques, puis aux examens de fin d'année ou de fin d'études.

L'enseignement : le rôle attendu de l'enseignant

De toutes les personnes qui interviennent en situation d'apprentissage, l'enseignant est certes l'agent d'éducation qui a le plus d'influence directe sur les comportements des élèves, principalement sur leur temps d'étude des objectifs des programmes et, en conséquence, sur leur réussite. Or, plusieurs résultats de recherche démontrent que l'enseignant dispose de trois moyens privilégiés pour exercer cette influence et rendre son action pédagogique aussi efficace que possible. Il s'agit, en l'occurrence :

1. de la planification ou de la programmation de son enseignement,

2. de l'interaction en classe ou de l'activité pédagogique, et

3. de l'évaluation des apprentissages acquis.

Autrement dit, les comportements de planification, d'intervention et d'évaluation provenant des enseignants sont les plus susceptibles de faciliter, chez les élèves, l'étude active, la poursuite de tous les objectifs et leur atteinte graduelle ou la réussite périodique, puis terminale. Quand viendra le temps de préciser la façon de planifier l'enseignement ou de choisir les stratégies pédagogiques ou la façon d'évaluer les processus et les produits de l'enseignement, ces critères relatifs aux comportements des élèves serviront de guides.

La supervision : le directeur

Supervision :
— communiquer
— diagnostiquer
— interagir avec succès

Tout comme l'enseignant peut aider directement les élèves, le directeur d'école peut aider directement l'enseignant. Plusieurs résultats de recherche circonscrivent des zones d'action administrative particulièrement efficaces lorsqu'un membre de la direction d'une école se propose d'améliorer la qualité de la formation, dans son milieu. Avant d'exposer ces zones d'action, rappelons que la qualité de la formation scolaire se manifeste de façon ultime par la réussite des élèves aux examens terminaux, comme l'illustre la figure 1.1. Cependant, pour un directeur d'école, la formation scolaire commence par des comportements appropriés des enseignants : une planification, une intervention et une évaluation de qualité. Et c'est la supervision de ces comportements qui importe prioritairement.

FIGURE 1.1   Le but ultime de la supervision : la réussite scolaire

En effet, en ce qui concerne le succès des élèves, la principale fonction de la direction d'une école est la supervision pédagogique, donc la supervision de la planification, de l'interaction et de l'évaluation. C'est le moyen par lequel un directeur peut influencer directement et efficacement les activités pédagogiques ou les comportements en classe. Il peut ainsi contribuer à ce que les élèves étudient activement tous les objectifs des programmes pour les atteindre graduellement.

La question qui se pose alors, et à laquelle la recherche doit répondre, est la suivante: Quels sont les comportements de supervision les plus susceptibles de maximiser la qualité de la planification, de l'intervention et de l'évaluation faites par le personnel enseignant? À cette question, la recherche répond en trois volets. Le processus de supervision remplit au mieux ses fonctions propres lorsque le superviseur et la personne supervisée ont les trois types de comportements suivants:

1. Ils établissent rapidement entre eux des contacts et des échanges valorisants pour l'un et pour l'autre qui portent explicitement sur la pédagogie; autrement dit, ils sont capables de gérer les conflits humains que pourraient éventuellement générer des interactions centrées sur des problèmes de pédagogie ou sur la planification, l'intervention et l'évaluation.

2. Ils diagnostiquent rapidement les comportements de superviseur et de personne supervisée qui leur sont utiles dans leur rôle respectif; autrement dit, ils sont habiles à explorer les multiples facettes de leur profil professionnel et de leurs ressources personnelles (leurs points forts), de sorte que les actions soient réussies dans la plupart des cas.

3. Ils font des interventions adaptées, de façon à exploiter les forces de chacun. Ils accomplissent des actions qui exploitent ces points forts et répondent aux besoins individuels, le tout étant axé sur le succès des élèves.

C'est ce type de supervision que nous préconisons et que nous présentons plus en détail dans le présent ouvrage: **une supervision acceptée** et efficace, reposant sur le principe de la relation d'aide mutuelle, sur l'interaction positive et synergique.

Le climat de l'école : le personnel

Climat de l'école :
– valoriser la réussite scolaire
– faire régner la discipline
– poser des attentes élevées

Toujours en se fondant sur les résultats de la recherche en éducation, on observe qu'en règle générale, une école est d'autant plus efficace que les éducateurs se préoccupent d'y instaurer et d'y maintenir un climat favorable au succès. Trois aspects importants caractérisent un tel climat :

1. Les éducateurs valorisent la réussite scolaire, en ce sens qu'ils attachent beaucoup d'importance au fait que les élèves obtiennent les résultats les plus élevés possible.

2. L'ambiance de l'école est au calme et au travail scolaire.

3. De toutes les manifestations de la réussite ou de la formation de qualité, l'atteinte des objectifs des programmes officiels reste la plus importante.

Dans les écoles efficaces, le personnel enseignant et le directeur mettent d'abord l'accent sur les programmes officiels. Ils s'entendent ensuite sur l'importance relative de chacun d'eux, donnant la priorité à ce qui, dans leur milieu, est considéré comme fondamental : la langue maternelle, les mathématiques, les sciences ou les arts, par exemple.

Environnement stimulant

Le personnel enseignant et la direction essaient de créer un environnement de travail stimulant. Ils favorisent et encouragent un type d'enseignement direct et systématique qui occupe la plus grande partie du temps disponible. En effet, dans de telles écoles, le personnel enseignant consacre la plus grande part de son temps d'enseignement à des activités d'apprentissage planifiées, accomplies et évaluées avec soin (qui commencent et finissent à l'heure). Il organise de nombreuses situations où les élèves accomplissent des travaux personnels, qui sont corrigés et évalués régulièrement. Ainsi, la priorité est accordée à l'atteinte des objectifs ou à l'apprentissage des programmes retenus, ce qui stimule la participation active des élèves et favorise, en fin de compte, la poursuite du but commun : la réussite du plus grand nombre possible d'élèves.

Discipline

La plupart des jeunes ne peuvent pas se concentrer sur leur travail scolaire dans une ambiance désordonnée ou indisciplinée. Les écoles les plus efficaces établissent donc des critères à peu près uniformes de discipline qui sont sanctionnés et appliqués autant par le personnel enseignant que par la direction. Les élèves sont encouragés à occuper des postes de responsabilité dans l'école (le conseil étudiant, par exemple) et ils sont valorisés publiquement pour leur contribution.

Environnement ordonné

Dans chaque classe, l'enseignant aménage un environnement ordonné dans lequel les leçons débutent à l'heure et se terminent à temps. Personne n'oublie le matériel nécessaire ; les enseignants donnent et corrigent des travaux effectués en classe ou à la maison. Les élèves qui font partie d'écoles et de classes mieux ordonnées et mieux disciplinées sont plus centrés sur l'étude et ont un taux de participation active supérieur. Bref, ils participent plus activement à leur formation.

Dans les écoles efficaces, le personnel enseignant et le personnel de direction s'attendent que chaque élève réussisse les examens non à cause de facteurs accidentels, tels que la facilité des sujets abordés ou le plagiat, mais parce qu'il maîtrise les habiletés évaluées. Ce qui compte pour réussir, c'est le temps d'étude et non la chance, le hasard ou les amis « bien placés ». C'est dans cette optique que sont conçus, au fur et à mesure de leur déroulement, la planification de l'enseignement, son accomplissement et l'évaluation des apprentissages.

Attentes élevées

Dans ces écoles, les critères de réussite et les exigences de formation sont élevés, bien que raisonnables, et la grande majorité des élèves prévoient atteindre les objectifs des programmes officiels et obtenir un diplôme de fin d'études. Ces élèves sentent que les enseignants se préoccupent de leur rendement scolaire. Ils sont convaincus que leur travail importe plus que tout autre facteur pour l'obtention d'un diplôme ou d'un certificat. Leurs nombreuses réussites antérieures confirment le sentiment qu'ils ont de bien contrôler leurs moyens d'apprentissage et leur environnement scolaire. Bref, ces élèves vivent dans des conditions qui favorisent le développement d'un concept de soi réaliste et positif.

Le leadership : le directeur

Leadership :
– donner l'exemple
– réagir positivement
– faire consensus positivement

Nous venons de le démontrer, le climat d'une école est étroitement lié aux comportements des éducateurs qui y œuvrent. Parmi eux, le directeur est certes la personne qui a généralement le plus d'influence sur ce climat. En effet, les résultats de la recherche confirment que, de façon significative, trois aspects de son comportement, en tant que leader, sont susceptibles de marquer le climat de l'école.

1. Il y a d'abord ce qu'on appelle l'exemple ou, de façon plus recherchée, le modelage. Il s'agit simplement de la force d'imitation qui agit sur les enseignants qui sont témoins des comportements du directeur. Des gestes, souvent anodins, confirment ou infirment à leurs yeux la valeur de la réussite, l'importance des objectifs des programmes scolaires officiels ou du niveau élevé des attentes quant à la performance. Par son exemple, le directeur confirme ou infirme des positions prises en supervision face à la planification, à l'intervention.

2. Il y a également l'encouragement, conscient ou inconscient, donné par la direction à l'égard de ce qui se passe à l'école. Il s'agit en fait des réactions verbales ou non verbales du directeur, lorsqu'il est témoin des gestes ou des paroles des éducateurs, à l'école. Une simple attitude de négligence peut, par exemple, infirmer une position officielle, prise au sujet de la discipline dans l'école ou d'un autre aspect du climat ou de la supervision pédagogique.

3. Il y a enfin l'habileté du directeur à créer le consensus sur les aspects importants du climat de l'école ou de la supervision pédagogique. Cette habileté liée directement au leadership est cruciale lorsqu'il s'agit de gérer, de développer ou de transformer les politiques et les habitudes d'une institution telle que l'école.

Dans la plupart des écoles, on s'attend que le leadership soit exercé par le directeur, bien qu'il puisse l'être aussi par des enseignants. Les membres de la direction occupent une place de choix pour modeler ou pour influencer leur milieu, pour faire en sorte qu'il s'y installe un climat favorable et une supervision positive. Ce sont eux qui approuvent ou soutiennent les actions ou les programmes locaux, supervisent l'enseignement, aident à la gestion des classes et aménagent le temps disponible de sorte que des moments de partage ou de consultation avec le personnel enseignant soient possibles. Ce faisant, ils contribuent à améliorer le climat en discutant des priorités de leur école. Par exemple, en contrôlant la ponctualité du personnel enseignant, le directeur exprime l'une de ses priorités tout en favorisant une meilleure utilisation du temps disponible.

Si le directeur peut avoir une influence positive, il peut également avoir une influence négative. Par exemple, si la direction de l'école est convaincue que les élèves sont incapables d'apprendre, elle ne tendra pas à accorder toute l'importance voulue au temps de participation active en classe, à la poursuite et à l'atteinte graduelle de tous les objectifs des programmes. Elle ne sera pas non plus portée à contrôler, dans une optique de maximisation de la réussite scolaire, la planification de l'enseignement, le choix et l'application de stratégies d'intervention appropriées et l'évaluation faite par le personnel enseignant.

Dans les écoles reconnues pour leur excellence et leur efficacité, on observe plus fréquemment une rétroaction qui encourage et reconnaît la performance scolaire optimale et la réussite aux examens portant sur les apprentissages de base. Pour un membre de la direction d'école, les occasions de donner une rétroaction positive aux enseignants sont très nombreuses. Cela peut être fait au moment où il rencontre les enseignants, où il observe les classes, où il discute de stratégies d'enseignement, où il identifie les priorités de recyclage ou de perfectionnement.

Lorsque des sanctions disciplinaires formelles s'avèrent nécessaires, il veille à ce qu'elles soient administrées diligemment, sans dénigrements ni humiliations verbales.

Bref, les comportements de leader du directeur montrent clairement aux éducateurs et aux élèves de l'école que les encouragements et les récompenses produisent de meilleurs résultats que le laisser-aller, les renforcements négatifs ou les sanctions.

Le troisième élément important de leadership consiste, avons-nous dit, à créer dans l'école des consensus efficaces qui incitent à la collaboration et à l'engagement, plutôt qu'à l'affrontement. Ces consensus peuvent porter, par exemple, sur l'importance prioritaire du succès (ou de certains succès, dans des disciplines considérées comme plus importantes) ou sur la nécessité d'avoir des attentes élevées à l'égard du rendement des élèves, etc. Ces consensus sont généralement obtenus grâce à des innovations mettant à contribution tous les agents d'éducation de l'école, y compris bien sûr les élèves. Ils se font dans un contexte de communication et de rétroaction positives. Le directeur d'école est généralement l'élément catalyseur du projet et il se trouve au cœur du processus d'instauration des consensus. À partir d'une idée maîtresse partagée par des personnes du milieu, il donne d'abord un sens bien défini à ses multiples actes de gestion. Il sert aussi d'exemple et de renforçateur dans l'application du principe du consensus quand vient le temps de déterminer les objectifs prioritaires de l'école. Le fonctionnement par consensus s'applique même au choix des moyens de vérification systématique de l'atteinte des objectifs et à la définition des échéanciers.

L'INTÉGRATION DES FACTEURS DANS UN SYSTÈME UNIFIÉ

Notre choix quant au but de l'école, soit la formation définie comme la réussite des programmes, de même que l'examen des facteurs les plus susceptibles de contribuer à ce succès, peuvent être synthétisés de la façon suivante.

A) Pour l'ensemble des activités scolaires, un but ultime:

une excellente formation des jeunes, qui se traduit par la réussite en fin d'année ou en fin d'études et par des apprentissages, définis dans les programmes officiels, placés dans l'ordre de priorité généralement accepté dans le milieu.

B) Pour les élèves:

– un temps de participation active élevé,
– la poursuite de tous les objectifs des programmes retenus, et
– l'atteinte graduelle de ces objectifs.

C) Pour le personnel enseignant:

– une planification détaillée de l'enseignement,
– des interventions appropriées, et
– une évaluation valide des apprentissages.

D) Pour le directeur, en tant que superviseur:

– une communication rapide et positive,
– un diagnostic précis et efficace, et
– des actions appropriées et réussies.

E) Pour le directeur, en tant que leader:

– un exemple conforme aux valeurs et aux positions acceptées,
– des réactions et des rétroactions positives, et
– une habileté à créer le consensus.

F) Pour tout le personnel de l'école, en tant que responsable du climat:

– une valorisation de la réussite,
– un milieu de travail où règne le calme et l'ordre, et
– des attentes de réussite élevées et adaptées.

Plaçons maintenant les cinq groupes de facteurs B, C, D, E et F en interrelation, dans une perspective où la formation des élèves, définie sous forme de réussite, constitue le but ultime de tous les agents d'éducation (A). Nous obtenons alors un véritable système dans lequel cinq sous-systèmes s'agencent harmonieusement pour participer directement ou indirectement à l'atteinte du but commun. Ce système, ou ce modèle théorique, est illustré à la figure 1.2. On y montre comment, une fois le but ultime choisi, il est possible d'agencer tous les facteurs pertinents pour qu'ils contribuent, chacun à leur façon, à l'accomplissement de ce but: la formation et la réussite des élèves.

Quelle fonction chaque agent d'éducation doit-il remplir à l'école pour améliorer la réussite des élèves et leur formation? La réponse à cette

FIGURE 1.2 L'école en tant que système composé d'un ensemble de facteurs contribuant à l'atteinte d'un but: la formation et la réussite

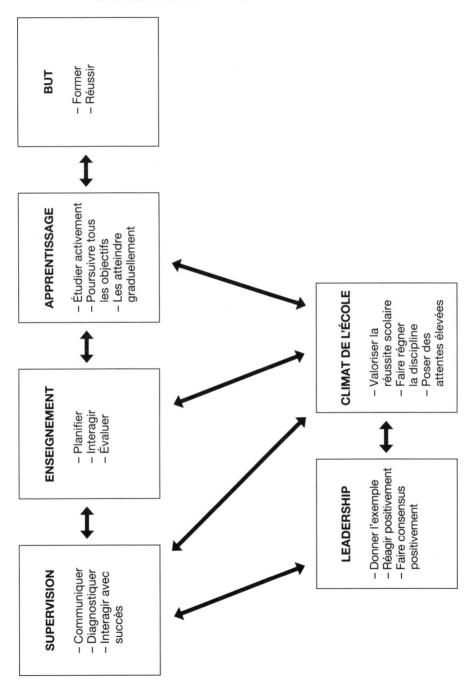

question est grandement facilitée par notre modèle systémique, car il permet d'identifier visuellement les facteurs les plus susceptibles d'influencer la réussite scolaire. Il permet aussi de comprendre les liens qui unissent ces facteurs, tous situés là où s'exerce leur influence par rapport au but final.

Ces avantages d'identification et de compréhension sont d'autant plus marqués que les facteurs sont détaillés sous forme de comportements des agents d'éducation. Or, ces agents sont communs à tout établissement scolaire. Il s'agit des élèves, du personnel enseignant et du personnel de direction.

LA SUPERVISION, UN SOUS-SYSTÈME MAJEUR DES MEILLEURES ÉCOLES

Avant d'expliquer de façon détaillée les priorités en supervision, les chercheurs se sont d'abord entendus sur ce qui distingue les meilleures écoles des autres. À cet effet, ils ont d'abord posé une question: Quels sont les indices qui permettent d'observer, de mesurer et d'évaluer la qualité d'une école? À cette question, ils ont répondu ainsi: Les meilleures écoles sont celles qui favorisent le plus possible une excellente formation des jeunes. Cette formation se vérifie au moyen de 14 indices:

1. Des objectifs d'apprentissage clairs.
2. De l'ordre et de la discipline.
3. Des attentes élevées quant au rendement des élèves.
4. Des enseignants efficaces.
5. Des rétroactions et des encouragements stimulants pour le personnel enseignant et pour les élèves.
6. Un environnement scolaire motivant.
7. Un directeur qui exerce du leadership.
8. Le soutien de la communauté.
9. L'insistance sur le temps d'apprentissage des programmes.
10. Des travaux, à l'école et à la maison, fréquents et contrôlés.
11. Un contrôle régulier et fréquent du progrès des élèves.
12. Des programmes bien coordonnés.
13. Des stratégies d'enseignement variées.
14. De nombreuses occasions pour les élèves de prendre des responsabilités.

Grâce à ces indices, il devient possible de sélectionner, parmi un ensemble d'établissements scolaires, ceux qui sont les plus performants et offrent une meilleure formation aux élèves qui les fréquentent. Une fois cette sélection terminée, il suffit d'analyser les comportements des personnes travaillant dans ces écoles pour disposer d'une information d'autant plus intéressante qu'elle décrit des actions réelles, posées dans des établissements dont l'excellence est vérifiée.

Cette démarche a été effectuée à maintes reprises, en portant une attention particulière aux comportements des directeurs des meilleures écoles. On a surtout voulu savoir ce qui était vraiment prioritaire pour ces personnes et même, plus explicitement, quels étaient les comportements auxquels elles consacraient réellement le plus de temps dans l'exercice de leurs tâches habituelles (Mangieri, 1986; Morissette, 1987).

Afin d'obtenir cette information, on a d'abord présenté aux directeurs des meilleures écoles une liste des tâches qui font habituellement partie de leur fonction. On leur a ensuite demandé de les placer par ordre d'importance, en se fiant au seul critère du temps réel consacré à leur exécution. Ainsi, on a obtenu la liste suivante (tableau 1.1).

Les trois tâches les plus importantes, pour les directeurs de ces écoles, se rapportent directement à l'enseignement et relèvent de la fonction supervision.

TABLEAU 1.1   Tâches des directeurs des écoles performantes par ordre de priorité

1. Superviser l'enseignement.
2. Évaluer la performance des enseignants.
3. Mettre au point des programmes.
4. Gérer le personnel.
5. Échanger et œuvrer avec la communauté.
6. Résoudre les problèmes.
7. Contrôler les finances.
8. Régler les cas de discipline.
9. Travailler à la croissance individuelle des élèves.
10. Organiser des activités parascolaires.
11. Gérer la tâche du personnel supplémentaire ou spécial.
12. Collaborer avec la direction supérieure.
13. Résoudre les problèmes d'élèves.
14. Gérer la réglementation de la sécurité.
15. Établir des contacts professionnels avec des collègues.
16. Régler des problèmes raciaux ou ethniques.
17. Collaborer avec les syndicats.

CONCLUSIONS

La présente analyse des composantes de l'école nous a permis de définir un système dans lequel la supervision pédagogique prend sa place parmi les sous-systèmes les plus importants.

Première conclusion

Les résultats de la recherche montrent que, chez les directeurs des meilleures écoles, ce qui se passe en classe (ce que nous avons défini comme la supervision de l'enseignement) vient au premier rang quant au temps de travail alloué. Nous en concluons que c'est en s'intéressant principalement et directement aux comportements du personnel enseignant qu'un directeur d'école influence indirectement les comportements des élèves.

Pour le directeur, c'est la façon la plus efficace de contribuer à maximiser les chances de succès scolaire et de favoriser une excellente formation des élèves de son école. C'est en travaillant avec ses enseignants et en contribuant à l'amélioration de leurs comportements professionnels que le directeur participe le mieux à l'atteinte du but et des objectifs prioritaires de son école.

Bref, s'il y a des limites aux ressources matérielles ou humaines disponibles (et il y en a toujours), la supervision de l'enseignement est la composante de sa tâche qu'un directeur d'école doit valoriser prioritairement. C'est du moins la tendance qui ressort des comportements observés dans les meilleures écoles.

Deuxième conclusion

Dans le modèle que nous venons d'élaborer, l'ensemble du système est orienté vers un but unique et chaque facteur contribue à l'atteinte de ce but, compte tenu de sa fonction propre. On peut être d'accord ou non avec un tel modèle. Une chose est certaine: grâce à lui, il est plus facile de dire ce qui fait l'objet d'accord et ce qui fait l'objet de désaccord, car on connaît bien chaque élément du système et sa fonction. Le directeur d'école dispose ainsi d'une base adaptable selon les priorités de son milieu.

Troisième conclusion

La supervision pédagogique ne peut être exercée si le directeur ignore dans quelle direction va son action, dans quel but il intervient. La supervision demeure inefficace si chacune des composantes de l'établissement n'a pas un rôle et une fonction définis. Une vision aussi claire que possible de l'ensemble et de chacune des parties est nécessaire. C'est ce que se proposait de présenter ce premier chapitre avant d'aller plus avant dans l'étude de la supervision pédagogique elle-même. Nous l'aborderons, cette fois-ci, sous l'angle d'une relation d'aide bidirectionnelle ou d'une interaction humaine positive intégrée à un véritable système, l'école.

EXERCICES

1. Quelle différence faites-vous entre la supervision scolaire et la supervision pédagogique?

   ... entre la supervision pédagogique au sens large et la supervision pédagogique au sens restreint?

   Laquelle, de la supervision pédagogique au sens large et au sens restreint, vous semble la mieux appropriée à une école primaire ou secondaire du Québec? Pourquoi?

2. Êtes-vous d'accord avec notre choix de la réussite scolaire comme but ultime de l'école? Pourquoi?

3. Selon vous, quels buts la supervision pédagogique pourrait-elle ou devrait-elle viser?

4. À votre avis, comment expliquer qu'il faille compter sur plusieurs facteurs pour améliorer la réussite des élèves d'une école?

5. Selon vous, pourquoi est-il avantageux d'appuyer sa pratique sur un bon modèle théorique?

6. Quels sont les cinq ensembles de facteurs qui influencent de façon significative la réussite en classe?

   Placez-les en interrelation, en posant la réussite comme but commun.

   Quel est le facteur qui, à lui seul, peut marquer davantage la réussite?

7. Donnez les caractéristiques positives du climat d'une école. Dans quel contexte ces caractéristiques sont-elles appropriées?

   Donnez la définition concrète du climat d'une école.

8. Quel lien y a-t-il entre la formation et la réussite dans le modèle présenté?

9. Quel est le rôle de la supervision par rapport aux 14 indices d'efficacité d'une école?

10. Parmi les 14 indices d'efficacité donnés, lesquels sont inappropriés à votre avis?

Lesquels faudrait-il ajouter?

BIBLIOGRAPHIE

CONSEIL SUPÉRIEUR DE L'ÉDUCATION *La formation fondamentale et la qualité de l'éducation, Rapport 1983-1984 sur l'état et les besoins de l'éducation*, Gouvernement du Québec, Québec, 1984.

MANGIERI, John N. et J.W. ARNN «Excellent schools: the leadership functions of principals», *American Education*, vol. 21, n° 3, 1986.

MEIRIEU, Philippe *L'école, mode d'emploi*, E.S.E., Paris, 1990.

MINISTÈRE DE L'ÉDUCATION DU QUÉBEC Direction de l'Évaluation pédagogique, *Guide pour la construction d'instruments de mesure dans le cadre de la banque d'instruments de mesure*, (documents de travail n°s 16-7300-01 à 08), Montréal, 1984.

MORISSETTE, Dominique «L'excellence dans les écoles: rôle du leadership des directeurs», *Information*, vol. 27, n° 2, déc. 1987.

MORISSETTE, D., L. GIRARD, E. McLEAN, M. PARENT et P. LAURIN *Un enseignement de qualité par la supervision synergique*, Presses de l'Université du Québec, Québec, 1990.

SQUIRES, D.A., W.G. HUITT et J.K. SEGARS *Effective schools and classrooms: a research-based perspective*, Association for Supervision and Curriculum Development, Alexandria (Virg.), 1984.

DEUXIÈME CONDITION
Une vision systémique

FIGURE 2.1 Modèle intégrateur des facteurs de formation et de réussite dans les apprentissages scolaires

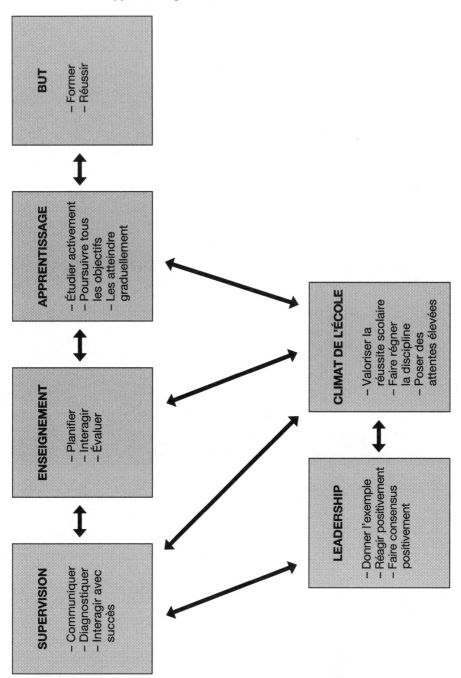

INTRODUCTION

Le premier chapitre démontrait le rôle central que doit jouer la supervision pédagogique. Cette vision de l'aménagement des activités de l'environnement éducatif suppose que l'on replace l'école relativement à son objet et sa finalité première, soit assurer la meilleure formation possible des élèves et leur succès scolaire. Ce but commun devient la première condition d'une supervision acceptée et efficace.

Le chapitre 1 laisse voir une nette interdépendance entre plusieurs éléments ou composantes de l'école. L'aspect interactif qui ressort du premier modèle suggère ce qui nous apparaît comme la deuxième condition d'une supervision acceptée et efficace : les personnes qui supervisent et celles qui sont supervisées doivent avoir une vision systémique de l'école, elles doivent la considérer comme un tout aux parties interdépendantes et interactives. Ces personnes doivent analyser leurs actions et leurs réactions de façon systémique.

UN MODÈLE D'ANALYSE DE L'INTERACTION SOCIALE

Le modèle retenu, l'analyse systémique, permet aux personnes qui s'intéressent à la supervision de mieux saisir les interactions dynamiques qui se produisent à l'intérieur du système dans lequel elles évoluent. Il permet aussi d'avoir une perception cohérente des composantes de l'environnement où elles interviennent et d'entrevoir les liens d'interdépendance qui existent entre des systèmes ou des sous-systèmes.

Le système et ses sous-systèmes

L'école offre un bel exemple de système. En la considérant sous cet angle, il est possible d'y déceler rapidement plusieurs sous-systèmes : l'apprentissage (élève), l'enseignement (personnel enseignant), la supervision et le leadership (directeur) et le climat (école). Dans le présent cas, le système école est d'abord considéré sous son aspect humain. On aurait pu aussi l'aborder sous son aspect matériel et parler d'autres sous-systèmes : locaux, chauffage, etc.

Les différentes parties ou sous-systèmes d'un système sont en relation entre elles. C'est là un aspect important de la théorie des systèmes. En effet, l'interaction constante des sous-systèmes fait qu'ils s'influencent mutuellement. Nous qualifions d'«effets systémiques» les effets de ces influences mutuelles et de «liens systémiques», les rapports entre les différents sous-systèmes. Selon la qualité de ces rapports, nous jugerons de la force de ces liens systémiques. Par exemple, le modèle interactif présenté au début du chapitre (figure 2.1) illustre, au sein du système école, l'existence de liens directs forts entre le sous-système de **supervision** et le sous-système d'**enseignement**, et entre le sous-système d'**enseigne- ment** et le sous-système d'**apprentissage**.

En somme, le modèle systémique nous permet d'aborder la réalité sociale comme un système. Il nous fait prendre conscience que tous les systèmes sociaux sont dynamiques et comprennent une foule d'éléments en interaction. Le modèle systémique oblige la personne qui s'intéresse à la vie scolaire et à son évolution à percevoir les situations comme une mosaïque complexe d'éléments interdépendants plutôt que comme des pièces isolées, facilement maniables. Par conséquent, cette personne doit présumer qu'en modifiant un sous-système, elle risque d'influencer tout le réseau d'interaction pour aboutir à un système aux caractéristiques modifiées.

LES COMPOSANTES D'UN SYSTÈME ET SON FONCTIONNEMENT

Pour mieux comprendre comment la notion de système peut nous per- mettre de saisir le phénomène que nous voulons analyser, nous définirons, dans les lignes qui suivent, certaines composantes essentielles du modèle, soit: les frontières, les intrants, les extrants, les activités de transformation, la rétroaction, l'enveloppe de maintien, l'environnement, la mission et la perception de la mission. La figure 2.2 met en relief les interrelations de ces composantes qui seront brièvement définies par la suite.

L'environnement

L'environnement est un ensemble complexe de facteurs physiques, biolo- giques, culturels, sociaux, organisationnels et écologiques qui enveloppent le système entier et exercent une pression sur ses frontières.

La mission

Tout système a une fin, en ce sens qu'il existe pour accomplir une mission, atteindre des buts, produire des résultats et satisfaire des besoins. Cette mission a d'autant plus d'importance qu'elle sert de critère pour juger de

FIGURE 2.2   Les composantes d'un système

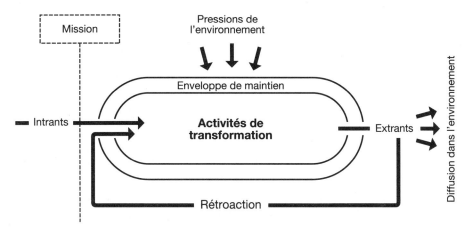

Chaque système ou sous-système comprend les composantes suivantes : l'environnement, la mission, les intrants, les extrants, les pressions de l'environnement, l'enveloppe de maintien, les activités de transformation et la rétroaction.

la qualité et de la pertinence des extrants du système et des sous-systèmes. C'est à la lumière de sa mission qu'on juge le système école et ses cinq sous-systèmes présentés au chapitre 1.

Les frontières

L'analyse systémique permet d'isoler consciemment un certain nombre d'interactions sur lesquelles portera l'analyse. Une frontière est bien délimitée lorsque la qualité et la quantité des interactions entre les éléments qui sont situés à l'intérieur de celle-ci sont supérieures aux interactions entre des éléments situés à l'intérieur et d'autres situés à l'extérieur de la frontière. La frontière d'un système présente un caractère arbitraire et il revient à l'analyste d'en déterminer les limites.

Ainsi, dans une école, nous devrions constater que les membres d'une équipe de français, dans le cadre de leur tâche, interagissent davantage entre eux et à un niveau d'intensité supérieur, par rapport aux interactions qu'ils ont avec les membres d'autres équipes. Par conséquent, pour bien situer la dynamique interne du système d'enseignement du français dans cette école, il sera sans doute préférable de tracer la frontière autour des responsables du français, et peut-être même de limiter les interactions avec d'autres équipes tout en favorisant les interactions intra-équipes.

La notion de frontière est donc intimement liée à l'identité du système. Toutefois, «frontière» ne signifie pas «hermétisme». Tout système, pour ne pas imploser, doit présenter un certain degré de perméabilité. La figure 2.2 illustre ce phénomène par des ouvertures aux deux extrémités de l'enveloppe.

Les intrants

On appelle intrants les éléments de toute nature, de toute qualité et de toute quantité qui pénètrent dans le système. La vie et, a fortiori, la survie d'un système dépendent de sa capacité de s'approvisionner en énergie dans l'environnement où il exerce sa mission.

Dans une perspective systémique, la supervision pourra considérer comme significatifs les intrants suivants: les ressources humaines (enseignants, conseillers pédagogiques, élèves), les programmes, le perfectionnement, les instruments d'observation, etc.

Les extrants

Dans son environnement, le système génère des effets, des résultats dont on peut généralement évaluer la quantité et la qualité; ce sont les extrants. Dans le cas du système supervision pédagogique, l'extrant pourrait être, par exemple, l'amélioration de la qualité de l'enseignement. Dans le cas du système enseignement, les extrants pourraient être le temps d'apprentissage et le taux de réussite scolaire. Le chapitre 6 présente de nombreux extrants issus du système enseignement-apprentissage, tandis que le chapitre 7 et surtout l'annexe 1 proposent quelques instruments de mesure pour vérifier la qualité et la quantité de ces extrants.

Les activités de transformation

Le modèle systémique considère les intrants comme l'énergie qui doit être transformée pour produire des extrants. Par exemple, le blé (intrant) doit être moulu (transformation) pour produire la farine (extrant). Le pain doit être mangé et digéré pour produire l'énergie qui fait agir. Les activités de transformation doivent être bien structurées et coordonnées pour produire les extrants désirés. Plus les intrants et les activités de transformation seront appropriés, plus le système produira les extrants souhaités et, ainsi, accomplira sa mission.

Dans le cadre d'une supervision, la transformation consiste en une gamme d'activités: comportements, rencontres préparatoires, discussions, utilisation d'une approche adaptée au système client (individu ou groupe), rétroaction synergique (voir chapitre 5), etc. Toutes ces activités ont pour but de produire les extrants souhaités et, ainsi, contribuer à l'accomplissement de la mission du système.

La rétroaction

La rétroaction est le mécanisme d'autorégulation des systèmes. Elle permet de guider les activités de transformation à la lumière des résultats obtenus, donc de faire les ajustements nécessaires. C'est, en quelque sorte, un nouvel intrant. Aussi est-il impératif de bien structurer le processus de rétroaction de tout système pour garantir sa mise à jour continue. Ce processus servira, par exemple, à valider la pertinence des intrants ou des activités de transformation et à vérifier si les extrants sont conformes à la mission du système. La rétroaction sert également à éliminer les extrants qui produisent des effets secondaires non désirés dans l'environnement scolaire. Dans un contexte de supervision synergique, le mécanisme de rétroaction ou d'aide devient un moyen formidable d'amélioration, tant pour la personne qui supervise que pour la personne supervisée.

L'enveloppe de maintien

Dans la figure 2.2, les activités de transformation du système sont entourées d'une coquille ouverte aux deux extrémités. Cette analogie avec l'huître convient bien aux systèmes humains (individus, groupes). À l'instar d'une coquille d'huître, l'enveloppe de maintien a pour fonction de protéger les activités du système des pressions indésirables provenant de l'environnement. Plus elle mettra d'énergie à préserver le système, à le défendre, moins il restera d'énergie pour la transformation. L'énergie totale (E) est égale à la somme des deux types d'énergie employés, soit l'énergie de conservation (Ec) et l'énergie de production (Ep) :

$$Ec + Ep = E$$

Dans le monde scolaire, c'est souvent sur le plan des programmes et des contenus d'enseignement que se manifeste le rôle de cette enveloppe de protection. La raison d'être de l'école, c'est la formation et la réussite de l'élève. La perception claire de cette mission par un grand nombre d'enseignants les amène à résister à certaines demandes du milieu qu'ils jugent irrecevables.

Par exemple, doit-on enseigner massivement l'informatique parce que c'est la mode ou intervenir plutôt de façon sélective, c'est-à-dire là où cette science peut s'avérer un outil indispensable à la formation ? L'énergie déployée pour résister aux demandes des promoteurs d'outils informatiques, aux innovations intempestives venant de la direction ou de conseillers pédagogiques trop ouverts à tout, pourra éloigner le personnel enseignant de sa mission.

Au niveau intrasystémique, cette dépense d'énergie pourra se traduire par une réduction de la production qualitative ou quantitative d'extrants. Par exemple, une planification moins élaborée des enseignements, une réduction du temps alloué au soutien des activités d'apprentissage chez les élèves, etc.

Au niveau intersystémique, une baisse de production de l'enseignant aura pour conséquence d'introduire des intrants de moindre qualité dans le système d'apprentissage des élèves.

L'INTERDÉPENDANCE DES SYSTÈMES

La raison d'être d'un système, c'est de produire des résultats, des extrants, qui servent d'intrants à d'autres systèmes ou qui permettent d'atteindre la mission du système. L'existence d'un système est essentiellement justifiée par le résultat qu'il produit. Ce n'est pas la conciergerie, le secrétariat, le syndicat ou la direction qui font qu'une école est une école; des intrants de ce type existent aussi dans d'autres organismes. Ce qui différencie le système école des autres systèmes, c'est sa mission. Bref, l'école trouve sa justification, celle de tous ses sous-systèmes et celle du système entier, principalement dans son rôle ordonné et systématique de soutien de l'élève en quête d'apprentissages cognitifs, socioaffectifs et psychomoteurs.

Les résultats d'un sous-système, quant à eux, sont essentiellement justifiés par les besoins d'autres systèmes ou sous-systèmes qui peuvent les utiliser pour mieux remplir leur mission propre. Par exemple, le besoin de l'enseignant d'être à la fine pointe du savoir dans sa matière nécessite le maintien d'une politique de formation continue par la direction de l'école. Par ailleurs, le besoin du sous-système d'enseignement de planifier, d'intervenir et d'évaluer avec excellence exige que le sous-système supervision fournisse, comme intrant, une aide appropriée.

CONCLUSION

De nombreux ouvrages (Acheson et Gall, 1980; Alfonso *et al.*, 1981; Barnabé *et al.*, 1988; Cogan, 1973; Glickman, 1981; Goldhammer *et al.*, 1980; Morissette *et al.*, 1990; Paquette, 1986; Sergiovanni, 1982; Squires *et al.*,

1984) soulignent que la supervision pédagogique a pour objectif premier l'amélioration ou l'enrichissement de l'enseignement en vue d'assurer, en bout de piste, les meilleurs apprentissages. On retrouve donc ici un lien très significatif entre diverses réalités, divers systèmes qui s'influencent entre eux: la supervision, l'enseignement, l'apprentissage.

Dans le contexte de la supervision synergique (voir chapitre 5), l'application du processus aide à comprendre les effets bidirectionnels qui peuvent influencer simultanément le comportement du superviseur et celui de la personne supervisée.

On exige fréquemment des directions d'école qu'elles fassent des changements ou des ajustements importants. Ces changements ne se produisent pas sans influencer la culture organisationnelle de ces établissements. Ils touchent principalement leur structure sociale par l'importance nouvelle accordée aux fonctions, par une modification des communications, par une répartition différente des rôles, etc.

L'école est un système aux sous-systèmes interreliés, interactifs. Aussi la modification d'un sous-système déclenche-t-elle une réaction en chaîne qui touchera de nombreux autres sous-systèmes. L'école étant un système social, les individus qui en font partie seront atteints par les remous d'un changement. Reste à savoir si les principaux acteurs – élèves, enseignants, personnel de direction – en seront les **instigateurs**, les **victimes** ou les **bénéficiaires**.

Pour favoriser l'intégration du changement, chaque sous-système devra faire des ajustements au niveau intrasystémique, c'est-à-dire à l'intérieur de chaque sous-système, et au niveau intersystémique, c'est-à-dire entre les sous-systèmes affectés par le processus de changement. Ainsi, la direction ne peut pas garder son sous-système de supervision inchangé tout en souhaitant que l'enseignant améliore son sous-système d'enseignement par une meilleure planification, intervention ou évaluation, par exemple.

Cette influence et ce jeu réciproques des éléments du système social école vont devoir trouver un complément explicatif et des fondements théoriques dans d'autres modèles, compatibles avec cette vision systémique.

L'approche systémique est largement utilisée et elle sert de guide à de nombreux organismes. Elle se révèle efficace à plusieurs titres. Ce cadre explicatif suscite d'autant plus d'intérêt qu'il soutient et corrobore d'autres modèles, principes et théories fondamentales permettant de mieux comprendre les phénomènes d'interaction sociale étudiés dans cet ouvrage.

EXERCICES

1. Complétez cette figure, illustrant l'interdépendance de quatre sous-
   systèmes, en y insérant les éléments suivants : direction, apprentissage,
   supervision, enseignants, enseignement, succès scolaire, acquisition
   d'habiletés cognitives, modification des attitudes, ressources matérielles, programmes, stratégies pédagogiques, élève motivé, savoir,
   « savoir-être », savoir-faire.

Interdépendance des sous-systèmes

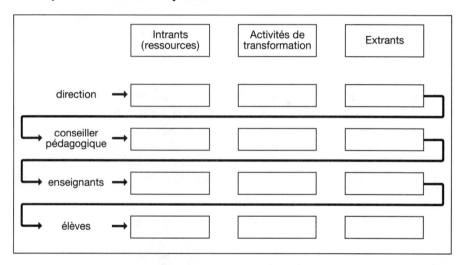

a) Pour un directeur d'école, quel avantage y a-t-il à considérer l'école
   comme un système composé de sous-systèmes ?

b) En plus des quatre sous-systèmes présentés dans la figure qui
   précède, quels autres sous-systèmes peuvent être inclus dans le
   système école ?

c) Pourquoi une école ne peut-elle, seule, se fixer des buts ou se
   donner une mission ?

d) Pourquoi un enseignant ne peut-il, seul, se donner une mission ?

e) Quels sont les avantages du recours à une vision systémique de la
   supervision scolaire ?

f) Quels sont les intrants du sous-système supervision ? ses extrants ?
   son traitement ? sa rétroaction ? sa mission ?

g) Considérons l'école comme un sous-système d'un système plus
   vaste. Quels sont les autres sous-systèmes de ce système et quelles
   influences ont-ils sur les intrants de la supervision ?

2. Qu'est-ce qui différencie le système scolaire des autres systèmes quant à la mission? aux intrants? aux activités de transformation? aux extrants? aux activités de rétroaction?

3. L'école est-elle un système ouvert ou fermé?

4. Pourquoi peut-on dire que l'école est un sous-système?

BIBLIOGRAPHIE

ACHESON, K.A. et M.D. GALL *Techniques in the clinical supervision of teachers: preservice and inservice applications*, Longman, New York, 1980.

ALFONSO, R.J., R.F. NEVILLE et G.R. FIRTH *Instructional supervision: a behavior system*, Allyn and Bacon, Boston, 1981.

BARNABÉ, C. *La gestion des ressources humaines en éducation*, Agence d'Arc, Montréal, 1988.

COGAN, M.L. *Clinical supervision*, Houghton Mifflin, Boston, 1973.

COLLERETTE, P. et G. DELISLE *Le changement planifié: une approche pour intervenir dans les systèmes organisationnels*, Agence d'Arc, Montréal, 1984.

GIRARD, L. *Le conseiller pédagogique et la supervision; journée de formation*, Ministère de l'Éducation du Québec, Direction régionale 04, Trois-Rivières, 1989.

GLICKMAN, C.D. *Supervision of instruction: a developmental approach*, Allyn and Bacon, Toronto, 1981.

GOLDHAMMER, R., R. ANDERSON et R. KRAJEWSKI *Clinical supervision: special methods for the supervision of teachers*, 2nd ed., Holt, Rinehart and Winston, Montréal, 1980.

GUILLEMETTE, P. et Y. BERTRAND *Les organisations: une approche systémique*, Télé-université, Agence d'Arc, Montréal, 1988.

MORISSETTE, D., L. GIRARD, E. McLEAN, M. PARENT et P. LAURIN *Un enseignement de qualité par la supervision synergique*, Presses de l'Université du Québec, Québec, 1990.

PAQUETTE, C. *Vers une pratique de la supervision interactionnelle*, Inter-action/Éditions, Longueuil (Québec), 1986.

SERGIOVANNI, T.J. *Supervision of teaching*, Association for Supervision and Curriculum Development, Alexandria (Virg.), 1982.

SQUIRES, D.A., W.G. HUITT et J.K. SEGARS *Effective schools and classrooms: a research-based perspective*, Association for Supervision and Curriculum Development, Alexandria (Virg.), 1984.

TROISIÈME CONDITION

Des attitudes positives

FIGURE 3.1 Modèle intégrateur des facteurs de formation et de réussite dans les apprentissages scolaires

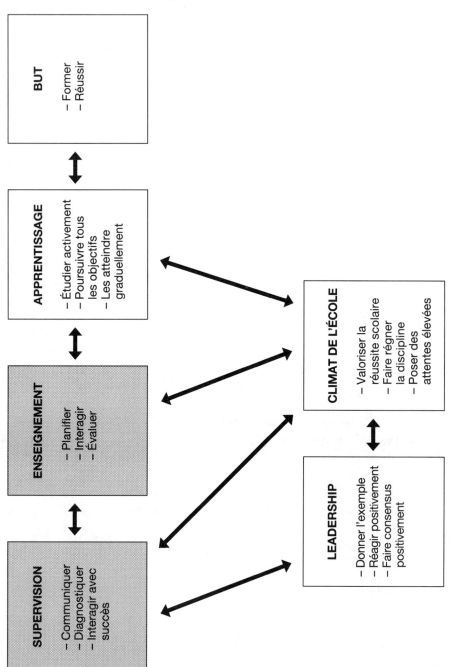

INTRODUCTION

Le type de supervision pédagogique que nous préconisons s'actualise essentiellement par une interaction voulue et vécue, jour après jour, dans l'école. Ce chapitre présente un cadre explicatif du type d'interaction systémique qui va de pair avec une telle supervision.

Une interaction voulue

Le mot « supervision » et l'image qu'évoque ce concept rendent souvent superviseurs et personnes supervisées méfiants l'un envers l'autre; leur attitude à l'égard de cette fonction n'est pas très positive.

Au départ, pour qu'une supervision pédagogique soit efficace, l'interaction doit être désirée, acceptée. L'existence d'attitudes positives à l'égard de la supervision et des personnes qui en sont responsables s'avère donc une condition pour qu'une supervision soit acceptée et efficace. Toutes les personnes engagées dans ce processus doivent bien comprendre les réactions qu'elles produisent et savoir comment les attitudes se développent et se modifient.

Voilà pourquoi nous croyons nécessaire d'exposer un modèle qui explique le phénomène des attitudes.

LES ATTITUDES

La nature des attitudes

Les attitudes comportent une très forte composante émotive. Aussi peuvent-elles être considérées et étudiées comme des réponses émotionnelles.

Une émotion produit une augmentation des battements cardiaques, de la transpiration, une respiration plus rapide, etc. Ce genre de réaction de l'organisme traduit les émotions, les attitudes.

Quand on parle d'attitudes, on parle d'émotions ressenties à l'égard de personnes ou de groupes de personnes, de slogans, d'idées comme la démocratie, la liberté, l'autorité ou la supervision. Bref, il s'agit d'émotions résultant de stimuli sociaux.

Une attitude positive à l'égard, par exemple, des handicapés facilite les relations avec eux: on peut leur parler, les écouter, les recevoir à la maison, leur louer un appartement, leur offrir un emploi, etc. En d'autres termes, elle facilite, par rapport à eux, des comportements d'approche. Par contre, une attitude négative à l'égard des handicapés physiques peut conduire, par exemple, à traverser la rue pour éviter de passer près d'eux, à s'asseoir loin d'eux, à nager à l'autre bout de la piscine lorsqu'ils se baignent, à refuser de les recevoir à la maison, de leur offrir un travail qu'ils peuvent faire avec compétence, de leur louer un appartement, etc. Donc, une attitude négative à leur égard peut conduire à des comportements d'évitement. Il existe des centaines de comportements d'approche et d'évitement.

Bref, on peut considérer les attitudes comme étant, dans une très large mesure, des **réponses émotionnelles positives et négatives** à l'endroit de **stimuli sociaux**. Ces réponses émotionnelles déclenchent des **comportements d'approche** si elles sont positives et des **comportements d'évitement** si elles sont négatives.

C'est parce qu'elles déclenchent des comportements d'approche ou d'évitement que les attitudes sont si importantes. L'enfant inadapté qui fréquente une école régulière où le personnel enseignant et les élèves ont des attitudes négatives à son égard vivra des expériences d'isolement et de rejet. La modification des attitudes négatives du milieu est alors une condition préalable à une intégration réussie.

L'apprentissage des attitudes

La personne responsable de la supervision peut, par exemple, donner l'occasion à un nouvel enseignant de développer des attitudes positives en tenant les rencontres de supervision dans un milieu non menaçant, voire agréable (comme sa classe). Elle peut aussi faire en sorte que la supervision produise des effets perceptibles et encourageants. D'autre part, elle peut faciliter l'apprentissage d'attitudes négatives en exigeant, par exemple, la présence de l'enseignant à une heure précise, dans un bureau de direction pourvu de l'image d'autorité. Même chose si elle multiplie les démarches rigides, les affrontements ou si elle crée une ambiance froide (par exemple, une longue table sépare les interlocuteurs).

En principe, il s'agit d'associer un nombre suffisant de fois, la supervision et le superviseur à des stimuli agréables (être à l'écoute, discuter d'égal à égal, poser des gestes valorisés et valorisants, réussir à appliquer de nouvelles méthodes, etc.). Ainsi, la personne qui supervise ou l'idée de supervision déclencheront progressivement, chez la personne supervisée, une émotion agréable semblable à celle que déclenchent les autres stimuli qui lui sont associés. De la même façon, associer un nombre suffisant de fois le superviseur ou l'idée de supervision à un stimulus désagréable, comme un « contrôle tâtillon », déclenchera, à la longue, une émotion désagréable semblable à celle que déclenchent les stimuli associés.

On peut également faciliter l'apprentissage d'attitudes positives à l'égard de la supervision en tenant, un nombre suffisant de fois, des propos comme « ce superviseur offre vraiment du soutien aux enseignants », « la supervision c'est autant l'affaire de la personne supervisée que du superviseur », « faire de la supervision, c'est minimiser le temps alloué aux problèmes de discipline », etc. Tout comme il est possible de faciliter l'apprentissage d'attitudes négatives par des associations de mots qui déclenchent, chez les enseignants, des réactions émotives désagréables.

En somme, il s'agit d'associer un stimulus social, le superviseur ou l'idée de supervision, à des mots agréables ou désagréables un nombre suffisant de fois pour que ce stimulus en vienne à provoquer chez l'interlocuteur des émotions de même nature que celles que déclenchent les mots utilisés.

Qu'il suffise de penser à ce qu'on fait quand on parle à des amis d'une personne aimée ou détestée. Ces personnes sont associées à des mots qui déclenchent des émotions agréables ou désagréables. À travers ce procédé d'associations répétées, on apprend même des attitudes à l'égard de groupes de personnes avec lesquels nous n'avons jamais été en contact, par exemple des groupes ethniques avec lesquels nous n'avons jamais vécu.

Ce procédé associatif joue également en classe, lorsqu'un enfant est récompensé pour un travail bien fait en présence de ses camarades. Dans ce cas, la classe, les camarades, les manuels scolaires, l'enseignant, etc., sont associés à la récompense et, comme elle, ils finissent par déclencher chez l'enfant récompensé les mêmes émotions positives. Selon le même procédé, l'enfant puni acquiert des attitudes négatives à l'égard de ses pairs, de la classe, de l'école, de l'enseignant, etc.

Bref, les attitudes à l'égard de la supervision s'apprennent grâce à l'association de stimuli sociaux d'abord neutres, en ce sens qu'ils ne produisent pas au départ de réponse émotive, avec des stimuli agréables ou désagréables, déclenchant des émotions positives ou négatives. Au fil des ans, de multiples associations de ce type se produisent et se traduisent par autant d'apprentissages d'attitudes sociales favorables ou défavorables à l'égard de la supervision.

Le changement des attitudes

Une façon de changer les attitudes des superviseurs et des personnes supervisées à l'égard de la supervision consiste, dans un premier temps, à ne plus associer la personne ou l'idée de supervision à des stimuli sociaux (faits, personnes ou mots) désagréables. Les attitudes négatives devraient graduellement s'estomper et même disparaître ; autrement dit, il y aura « extinction ». Dans un deuxième temps, la disparition des attitudes négatives rendra possible la création d'attitudes positives à l'endroit de tout ce qui concerne la supervision. Cependant, avec le procédé d'extinction, il faut se rappeler qu'une seule association négative peut réactiver l'attitude avec toute son intensité initiale et obliger à tout recommencer.

Une autre façon de changer les attitudes négatives à l'égard de la supervision consiste à associer, de façon répétée, la personne qui supervise ou l'idée de supervision à des mots, des événements, des objets ou un contexte environnemental qui déclenchent des émotions positives plus fortes que les émotions négatives déjà suscitées.

Comme les attitudes comportent également une composante cognitive, un autre moyen de changer les attitudes consiste à modifier la conception d'un stimulus social en faisant appel à la raison. Par exemple, si une personne croit que la supervision amène un surplus de travail ou qu'il s'agit là d'un contrôle, elle risque d'avoir des attitudes négatives. Si elle croit, pour avoir entendu des témoignages positifs, que la supervision est un des moteurs principaux des écoles efficaces, que privilégier cette fonction atténue significativement le temps et les efforts qu'il faut investir ailleurs (dans la gestion des absences, des conflits et de la discipline, par exemple), son attitude pourra être modifiée positivement. La perception et la connaissance qu'une personne a d'un stimulus social influencent sa façon d'y réagir, ses sentiments à son égard, la représentation qu'elle s'en fait. Ses mots pour le décrire et le qualifier auront l'aspect positif ou négatif qu'elle associe à ce stimulus.

COMMENT UNE PERSONNE PEUT-ELLE SUSCITER DES ATTITUDES POSITIVES?

L'interaction sociale, qui se situe au cœur de l'activité de supervision pédagogique, nécessite la présence d'attitudes positives. En d'autres mots, il faut retrouver, chez les enseignants, des réponses émotives positives à l'égard de l'action de supervision, mais également à l'égard de la personne responsable de la supervision.

La théorie a démontré que l'apparition et le maintien d'attitudes positives à l'égard d'une personne sont liés à l'image positive que projette cette personne.

Quels sont donc les éléments liés à la personne qui influencent, positivement ou négativement, son image et la perception que les autres peuvent en avoir?

En réponse à cette question, une recension des écrits sur la notion d'interaction sociale nous permet d'affirmer que les **caractéristiques physiques** et les **comportements** sont des facteurs essentiels à considérer (Forget *et al.*, 1988; Leduc, 1984; Staats, 1975).

Les caractéristiques externes

Les caractéristiques externes (l'apparence, la voix, la prestance...) d'une personne en interaction avec une autre personne peuvent déclencher des réponses émotives. Ainsi, en présence de certains superviseurs, des enseignants se sentent à l'aise, éprouvent des émotions positives, ont envie de plaire et ressentent de la satisfaction. La simple présence ou les commentaires et encouragements non verbaux reçus de ces personnes produiront les mêmes effets: ces personnes sont de véritables catalyseurs. En leur présence, on a envie de s'améliorer, de se dépasser.

Prenons, par exemple, le cas d'un enseignant qui travaille à sa préparation de cours. Arrive un membre de la direction dont les caractéristiques externes déclenchent chez l'enseignant une réponse émotionnelle positive. Cette présence pourra être perçue comme un renforcement positif et comme un stimulant, car les caractéristiques externes, en plus de déclencher une réponse émotionnelle, suscitent aussi un désir d'agir. Elles génèrent ce qu'on appelle des réponses instrumentales d'approche, parce qu'elles sont positives, mais elles pourraient aussi déclencher des réponses instrumentales d'évitement, si elles étaient négatives. Donc, un superviseur affable, souriant, détendu déclenchera plus de réponses d'approche de la part des enseignants qu'un superviseur stressé, inquisiteur, à la voix sèche. Le superviseur affable sera plus souvent consulté, il aura plus de rendez-vous, plus d'invitations à visiter les classes. Les enseignants l'écouteront davantage, le suivront, etc.

En résumé, les caractéristiques physiques ou externes d'une personne ont, dans une situation d'interaction telle que la supervision pédagogique, les trois fonctions des stimuli. Elles déclenchent, chez les autres, des réponses émotionnelles, renforcent leurs comportements et provoquent des réponses d'approche ou d'évitement.

Les comportements

Les comportements des personnes en interaction peuvent jouer le même rôle que les caractéristiques physiques. En effet, accorder son soutien, sourire, répondre à une question, à une salutation, expliquer les avantages et les inconvénients d'un style d'enseignement, réagir en présence des élèves : voilà autant de comportements qui peuvent déclencher des réponses émotionnelles positives chez les enseignants.

Comme les caractéristiques physiques, les comportements qui déclenchent des réactions émotionnelles positives ou négatives ont aussi la propriété de jouer un rôle de renforçateur, positif ou négatif. Ainsi, un comportement d'aide de la part d'une personne responsable de la pédagogie renforce la demande d'aide chez l'enseignant qui en bénéficie. Ce rôle, souvent ignoré, de renforçateur explique pourquoi les comportements qui déclenchent des réactions émotionnelles négatives entraînent une diminution de la fréquence de certains comportements. Prenons le cas d'un superviseur qui reste distant et utilise un ton cassant à l'endroit d'un enseignant qui est en train de lui parler ou de lui présenter une de ses difficultés ou un de ses succès. Ce comportement aversif pourra progressivement amener l'enseignant à ne plus lui adresser la parole ou à ne plus collaborer à son projet. Le même scénario pourra se produire si le superviseur passe outre à un geste d'ouverture fait par l'enseignant.

En résumé, lorsque les comportements du superviseur déclenchent chez l'enseignant des réactions émotionnelles positives, ils auront pour conséquences de renforcer leurs comportements positifs par rapport aux diverses composantes de la supervision et de susciter des comportements d'approche. Le superviseur aura de l'influence sur les personnes supervisées. Si, par ailleurs, les comportements du superviseur déclenchent des réponses émotionnelles négatives, ils joueront le rôle de renforçateurs négatifs et déclencheront, chez l'enseignant, des comportements d'évitement. Les notions de leader positif ou négatif s'expliquent par ces principes.

LES COMPORTEMENTS SPÉCIFIQUES DU SUPERVISEUR

Cette analyse de l'apprentissage et du changement des attitudes amène une question plus précise : Quels sont les comportements du superviseur susceptibles de créer ou de soutenir des attitudes positives chez l'enseignant ?

Pour répondre à cette question, 1) nous ferons une description du « profil attendu » du superviseur pédagogique, 2) nous aborderons la notion de comportement approprié, inapproprié et déficitaire, 3) nous décrirons brièvement les trois systèmes de personnalité caractérisant l'être humain et à l'intérieur desquels on trouve les différents répertoires de comportements (appropriés, inappropriés et déficitaires).

Le profil attendu

Par souci d'originalité et pour fournir un apport plus significatif en regard d'autres recherches, nous tenterons d'identifier les comportements majeurs, ou répertoires comportementaux, qui devraient se retrouver chez une personne spécialisée en supervision pédagogique. Ces répertoires constituent le « profil attendu » de la personne responsable de la supervision, c'est-à-dire les attentes entretenues à son égard.

Le tableau 3.1 décrit six répertoires d'habiletés qui concernent respectivement le leadership, la communication, la planification, la prise de décision, le contrôle et l'intervention.

Le leadership s'appuie sur deux sous-systèmes de comportements. Le premier peut être défini comme la « capacité d'influencer en vue d'atteindre un objectif », le second peut être défini comme la « capacité de créer un climat de confiance en vue d'encourager les autres ».

Le répertoire de communication comprend quatre sous-systèmes principaux de comportements, soit la « capacité de transmettre des messages de manière à être compris », la « capacité de comprendre le message de l'interlocuteur », la « capacité d'activer le flux de communication » et la « capacité de stimuler la participation de l'interlocuteur ».

La prise de décision se fait en trois temps, qui exigent chacun des habiletés spécifiques portant sur la cueillette de l'information, son évaluation et la capacité de passer à l'action.

Les habiletés de planification se traduisent par la capacité de définir une mission et celle de prévoir les moyens d'action et leur déroulement.

Deux sous-systèmes de comportements constituent l'habileté à exercer un contrôle, soit la capacité de recueillir des données de contrôle et la capacité d'expliquer les critères de contrôle.

Enfin, les habiletés d'intervention s'appuient sur une capacité personnelle d'agir et d'inspirer l'action des autres.

Une fouille plus approfondie des écrits nous a permis de cerner plusieurs dizaines d'indicateurs comportementaux (22 indicateurs liés au leadership, 18 à la communication, 18 à la prise de décision, 11 à la planification, 6 au contrôle et 10 à l'intervention). Il s'agit de comportements caractérisant chaque sous-système. Ces comportements spécifiques observables chez le superviseur révèlent la présence des six répertoires d'habiletés de base: leadership, communication, planification, prise de décision, contrôle et intervention.

TABLEAU 3.1   Six répertoires comportementaux du superviseur

Répertoires comportementaux	Sous-systèmes de comportements liés à chaque répertoire	Indicateurs comportementaux pouvant caractériser chaque sous-système
LEADERSHIP	Capacité d'influencer en vue d'atteindre l'objectif	– dirige, propose une procédure – influence, rallie autour d'une idée – favorise l'exécution de la tâche – fait voir le bien-fondé de ses directives – vainc, suscite l'accord – ne renonce pas au premier argument – résiste au stress – suscite l'attention, le respect, est écouté – informe sur le résultat attendu, rappelle l'objectif, le mandat – prend des initiatives
	Capacité de créer un climat de confiance en vue d'encourager les autres	– motive – soutient les autres – valorise les interventions – participe aux décisions – agit comme membre du groupe – adhère aux idées retenues même si elles heurtent les siennes – est flexible, modifie son comportement selon les circonstances, le milieu, les personnes – crée une ambiance saine, non contraignante – démontre sa confiance envers les autres, cherche à obtenir l'idée des autres – utilise efficacement les ressources de chaque individu – joue un rôle de médiateur – gagne la confiance des autres
COMMUNI-CATION	Capacité de transmettre des messages de manière à être compris	– s'exprime clairement – donne de l'information, des suggestions – raisonne de façon logique – résume – évalue les idées et les suggestions – exprime ses propres sentiments – décrit le comportement des autres sans l'évaluer
	Capacité de comprendre le message de l'interlocuteur	– écoute attentivement – reformule les idées ou les sentiments exprimés par l'autre – recherche de l'information, des suggestions, l'opinion de l'autre

TABLEAU 3.1   Six répertoires comportementaux du superviseur (suite)

Répertoires comportementaux	Sous-systèmes de comportements liés à chaque répertoire	Indicateurs comportementaux pouvant caractériser chaque sous-système
COMMUNI-CATION	Capacité d'activer le flux de communication	– harmonise – ouvre toutes les voies de communication
	Capacité de stimuler la participation de l'inter-locuteur	– donne de l'encouragement – valorise l'autre – est ouvert, accepte les divergences d'opinion
PRISE DE DÉCISION	Capacité de cueillir de l'information, de l'analyser	– repère tous les éléments d'une situation – les classe – les compare entre eux – établit des relations – dégage les éléments jugés essentiels – les présente d'une façon logique – structure ou reconstitue une situation à partir d'éléments dispersés – fait ressortir une idée maîtresse – s'exprime en peu de mots
	Capacité de juger la qualité de l'information	– distingue les faits des hypothèses – dégage l'essentiel du secondaire – vérifie ses informations – ne se prononce pas sur des choses qu'il ne connaît pas – accepte de modifier ses décisions pour retirer le maximum d'une situation
	Capacité de passer à l'action	– élabore, présente plus d'une solution – donne des faits pour appuyer ses jugements – prend des décisions, passe à l'action – applique les décisions – prend des risques – agit rapidement au besoin
PLANIFICATION	Capacité de définir la mission	– fixe des objectifs terminaux selon la situation attendue – fixe les objectifs intermédiaires – examine les causes des écarts, les clarifie, établit des priorités

TABLEAU 3.1   Six répertoires comportementaux du superviseur (suite)

Répertoires comportementaux	Sous-systèmes de comportements liés à chaque répertoire	Indicateurs comportementaux pouvant caractériser chaque sous-système
PLANIFICATION	Capacité de prévoir les moyens d'action et leur déroulement	– précise des moyens d'action et vérifie leur faisabilité – établit des priorités d'action – établit la nature des actions à prendre (préventives, correctives, provisoires, d'adaptation, palliatives) – prévoit les séquences de réalisation – fixe les délais pour chaque sous-objectif et chaque moyen d'action – détermine et prévoit les ressources disponibles et nécessaires – définit clairement les responsabilités et les mandats – établit des points de contrôle
CONTRÔLE	Capacité de recueillir des données de contrôle	– établit des temps et des méthodes de mesure de l'atteinte de l'objectif terminal – révise le niveau d'atteinte des objectifs intermédiaires reliés à chaque étape du plan d'action – décrit avec fidélité la situation réelle d'après des indices d'atteinte de chacune des étapes prévues
	Capacité à expliciter les critères de contrôle	– évalue les écarts observés – établit des priorités de redressement – réévalue les priorités de redressement (réaliste, réalisable)
INTERVENTION	Capacité personnelle d'agir	– écoute – clarifie – encourage – présente le problème
	Capacité d'inspirer l'action des autres	– propose des solutions – négocie – fait des démonstrations – dirige – définit des standards – donne du renforcement

Bref, il existe au moins six grands répertoires de comportements qui, lorsqu'ils sont présents chez une personne responsable de la supervision pédagogique, agiront comme des déclencheurs puissants de réponses positives chez l'enseignant.

LES COMPORTEMENTS APPROPRIÉS, INAPPROPRIÉS ET DÉFICITAIRES

Puisque nous voulons comprendre comment les comportements peuvent susciter des attitudes positives ou négatives, il semble important d'aborder la notion de comportements appropriés, inappropriés et déficitaires. Pour que ces notions gardent tout leur sens, il faut tenir compte de l'écologie d'un milieu et de sa culture organisationnelle.

Il existe une conception du comportement selon laquelle tout comportement est ou bien approprié, en ce sens qu'il répond à certaines normes liées à un milieu, une culture, etc., ou bien inapproprié, en ce sens qu'il ne répond pas aux normes. Or, tous ces comportements sont d'abord un effet des conditions d'apprentissages antérieurs, mais aussi une cause d'apprentissages ultérieurs.

Les comportements sont qualifiés d'**inappropriés** lorsque, par leur présence, ils nuisent à l'adaptation d'une personne à son environnement ou interfèrent dans son processus d'adaptation (Leduc, 1984). Ils sont qualifiés de **déficitaires** lorsque, par leur absence totale ou partielle, ils empêchent l'adaptation de l'individu ou nuisent à celle-ci (Staats, 1975). Enfin, ils sont **appropriés** lorsqu'ils permettent à une personne de s'adapter à la situation et d'en atteindre les objectifs.

Pour mieux appliquer la théorie au contexte qui nous occupe, il serait intéressant de définir les types de comportements pouvant être qualifiés d'appropriés, d'inappropriés ou de déficitaires. À cet effet, nous présentons dans la prochaine section une théorie distinguant chez tout individu trois grands systèmes de personnalité qui se constituent tout au long de sa formation (Staats, 1975 ; Leduc, 1984 ; Forget, Otis et Leduc, 1988). Ces trois ensembles de comportements sont d'abord appris (effets d'apprentissages antérieurs) ; ils deviennent ensuite les causes d'autres apprentissages, chez l'individu lui-même mais aussi chez les personnes qui l'entourent.

LES TROIS SYSTÈMES DE PERSONNALITÉ

En vue d'en faciliter l'analyse, les nombreuses habiletés acquises par une personne peuvent donc être regroupées en trois ensembles, appelés répertoires de comportements. Les très nombreuses interactions entre ces ensembles nous amènent à les présenter comme trois sous-systèmes de la personnalité. Il s'agit, en l'occurrence, du sous-système des émotions, du sous-système cognitif et du sous-système instrumental.

Le système des émotions et des motivations

Ce sous-système de personnalité est lié aux besoins physiologiques, de sécurité, de reconnaissance de soi et d'actualisation de chaque individu. Il se compose de réponses émotionnelles, positives ou négatives, qui suscitent des comportements d'approche (imiter, regarder, coopérer, aider, écouter) quand elles sont positives et des réponses d'évitement (s'éloigner, fuir du regard, ne pas imiter, ignorer) quand elles sont négatives.

La crainte d'affronter une personne ou une situation, le fait de travailler presque exclusivement pour des motifs de sécurité ou de mettre essentiellement l'accent sur des facteurs hygiéniques (Herzberg relie ces facteurs seulement au contexte de la tâche) peuvent être des exemples de comportements inappropriés relatifs au système des émotions et des motivations d'un superviseur.

Un superviseur pourrait aussi révéler un déficit de ce sous-système de personnalité par un manque de motivation, un faible désir de réussite, un manque d'empathie, une sensibilité élevée à l'égard de renforçateurs externes et, par conséquent, peu d'aptitude à l'autorenforcement et une certaine dépendance.

Le système cognitif

Une grande partie de la personnalité serait directement associée au sous-système cognitif, à la pensée humaine, au langage acquis par chaque personne (Forget *et al.*, 1988). Ce répertoire langagier appris serait, par exemple, à la base de la capacité de résoudre des problèmes et du concept de soi. Essentiellement, ce concept, dans l'optique où il est considéré ici, peut se définir comme la façon qu'a une personne de s'étiqueter. Cette étiquette a une immense importance puisqu'elle est un facteur déterminant des actions de cette personne et même des réactions des autres à son égard.

Ainsi, connaître ses forces, se définir de façon réaliste et positive, savoir mener un processus de résolution de problème sont des comportements appropriés pour un superviseur, tandis que s'attribuer arbitrairement des faiblesses ou des forces, se décrire de façon irréaliste, que ce soit positivement ou négativement, c'est manifester des comportements inappropriés reliés au système cognitif.

Si un superviseur a de la difficulté à identifier les éléments d'un problème relié à l'enseignement, à s'autodéfinir comme gestionnaire, à identifier ses forces comme intervenant, ces comportements reliés à sa fonction peuvent indiquer des déficits du système verbo-cognitif.

Le système instrumental

L'importance des sens et du système moteur fait qu'on rattache à ce sous-système de personnalité, entre autres, les habiletés sociales et sportives, l'attention et l'imitation.

Gérer efficacement des outils d'analyse de l'enseignement, bien planifier l'implantation institutionnelle de la supervision, mener à bien l'exécution d'un processus décisionnel, adapter son intervention à chaque type de client: voilà des exemples de comportements appropriés du système instrumental chez un superviseur.

User de violence ou d'arrogance, avoir des comportements sociaux aversifs, intervenir sans nuancer ses gestes, ses paroles ou ses attitudes auprès d'enseignants pourtant très différents: voilà autant d'exemples de comportements inappropriés du système instrumental chez un superviseur.

Le manque d'habiletés sociales, la carence de comportements d'approche à l'égard de certains types de personnes, le manque d'habiletés professionnelles et techniques constituent des comportements déficitaires du superviseur.

LES SYSTÈMES DE PERSONNALITÉ ET LES RÉPERTOIRES COMPORTEMENTAUX

Nous avons défini, plus haut, les trois grands systèmes de personnalité qui se créent, se développent et se modifient tout au long de la vie de chaque être humain. Ce cadre d'analyse permet maintenant de relier les divers indicateurs comportementaux à l'un ou l'autre des systèmes de personnalité du superviseur. Le tableau 3.2 présente plusieurs exemples de ces regroupements possibles.

TABLEAU 3.2   Comportements appropriés, inappropriés ou déficitaires d'un superviseur

Sous-systèmes de personnalité	Comportements appropriés	Comportements inappropriés	Comportements déficitaires
Émotif-motivationnel	– être à l'écoute – fournir du soutien	– craindre d'affronter des personnes, des situations – travailler trop exclusivement pour des motifs de sécurité, de reconnaissance – mettre exclusivement l'accent sur des facteurs hygiéniques	– manquer de motivation – manquer de goût de réussir – manquer d'empathie – agir surtout avec l'aide de renforçateurs externes
Cognitif	– connaître ses forces – se définir de façon réaliste – se définir de façon positive – savoir mener un processus de résolution de problème (analyse, choix des priorités et des solutions)	– voir exclusivement ses faiblesses – se décrire de façon irréaliste – voir exclusivement ses forces	– avoir de la difficulté à identifier les éléments d'un problème – avoir de la difficulté à s'auto-définir, à identifier ses forces
Instrumental	– être capable de s'adapter à son système client – être capable de gérer divers modèles et grilles d'analyse – se présenter favorablement en public et en privé – avoir l'élocution facile	– être violent – avoir des comportements sociaux haineux – être arrogant, trop exigeant, trop excentrique – utiliser un style d'approche unique quel que soit le client, la situation	– manquer d'habiletés sociales – manquer de comportements d'approche à l'égard de certains types de personnes – manquer d'habiletés professionnelles – manquer d'habiletés techniques

CONCLUSION

Ce chapitre nous a permis d'identifier les comportements du superviseur susceptibles de créer ou de soutenir la présence d'attitudes positives ou négatives chez le personnel enseignant. Ainsi, les personnes qui participent au processus de supervision pourront mieux cerner leurs forces et atténuer la manifestation de comportements qui peuvent nuire à leurs interactions.

EXERCICES

1. Complétez les tableaux des pages 58 et 59 en y indiquant des comportements appropriés, inappropriés et déficitaires pour chacun des systèmes de personnalité:

   a) d'un enseignant (tableau A);

   b) d'un élève (tableau B).

2. En quoi les attitudes sont-elles importantes en situation de supervision?

3. Comment les attitudes s'apprennent-elles? se changent-elles?

4. Avant même qu'il lui adresse la parole, le superviseur a créé des attitudes chez la personne supervisée. Comment cela a-t-il pu se produire?

5. Un enseignant est convaincu de la nécessité d'agir humainement avec ses élèves. Comment son superviseur devrait-il l'aborder? Donnez deux comportements appropriés, deux comportements inappropriés et deux comportements déficitaires.

6. Les phénomènes qui nous affectent, en tant que stimuli, remplissent trois fonctions. Définissez et illustrez ces fonctions.

7. Un enseignant se demande si ses comportements sont appropriés en matière de planification. Quelle liste pourrait-il consulter?

8. En supervision, comme dans toute situation de communication, la crédibilité de l'émetteur a une grande importance. Quels comportements du système cognitif de la personnalité sont susceptibles de favoriser cette crédibilité?

TABLEAU 4 Système de personnalité de l'enseignant

Sous-systèmes de personnalité	Comportements appropriés	Comportements inappropriés	Comportements déficitaires
Émotif-motivationnel			
Cognitif			
Instrumental			

TABLEAU B Système de personnalité de l'élève *-l'écobul*

Sous-systèmes de personnalité	Comportements appropriés	Comportements inappropriés	Comportements déficitaires
Émotif-motivationnel			
Cognitif			
Instrumental			

BIBLIOGRAPHIE

CÔTÉ, N., H. ABRAVANEL, J. JACQUES et L. BÉLANGER *Individu, groupe et organisation*, Gaëtan Morin éditeur, Chicoutimi (Québec), 1986.

DE MELO, D., L. GIRARD et P. LAURIN «Centre d'évaluation et diagnostic organisationnel en milieu scolaire», communication présentée au 48e congrès de l'ACFAS, Université Laval, mai 1980.

FORGET, J., R. OTIS et A. LEDUC *Psychologie de l'apprentissage: théories et applications*, Behaviora, Brossard, 1988.

GIRARD, L., D. MORISSETTE et A. LEDUC «La modification des attitudes», *Revue des sciences de l'éducation*, vol. 13, no 1, 1987.

GLICKMAN, C.D. *Developmental supervision*, Association for Supervision and Curriculum Development, Alexandria (Virg.), 1981.

JOMPHE, A. *La modification des attitudes des directeurs et des directrices d'école à l'égard de la supervision pédagogique*, Université du Québec à Trois-Rivières, Trois-Rivières, 1989.

LEDUC, A. *Recherches sur le behaviorisme paradigmatique ou social*, Behaviora, Brossard, 1984.

LEDUC, A. «Une tentative de rapprochement entre les conceptions des troubles d'apprentissage», dans *Comportement humain*, Behaviora, Brossard, vol. 5, no 1, printemps 1991.

LIKERT, R. *The human organization: its management and value*, McGraw-Hill, New York, 1967.

MORISSETTE, D. *Enseigner des attitudes? planifier, intervenir, évaluer*, Presses de l'Université Laval, Québec, 1989.

MYERS, G.E. et M.T. MYERS *Les bases de la communication interpersonnelle: une approche théorique et pratique*, McGraw-Hill, New York, 1990.

STAATS, A.W. *Social behaviorism*, Dorsey Press, Homewood, 1975.

4

QUATRIÈME CONDITION
Des interventions adaptées

Introduction

La typologie des comportements
- Les indicateurs comportementaux liés à l'engagement et à la motivation
- Les indicateurs comportementaux liés à l'habileté professionnelle

Les profils du développement professionnel
- Le profil 1 (P_1)
- Le profil 2 (P_2)
- Le profil 3 (P_3)
- Le profil 4 (P_4)

L'adaptation du style de supervision
- La supervision d'un enseignant de profil 1
- La supervision d'un enseignant de profil 2
- La supervision d'un enseignant de profil 3
- La supervision d'un enseignant de profil 4

Conclusion

Exercices

Bibliographie

FIGURE 4.1 Modèle intégrateur des facteurs de formation et de réussite dans les apprentissages scolaires

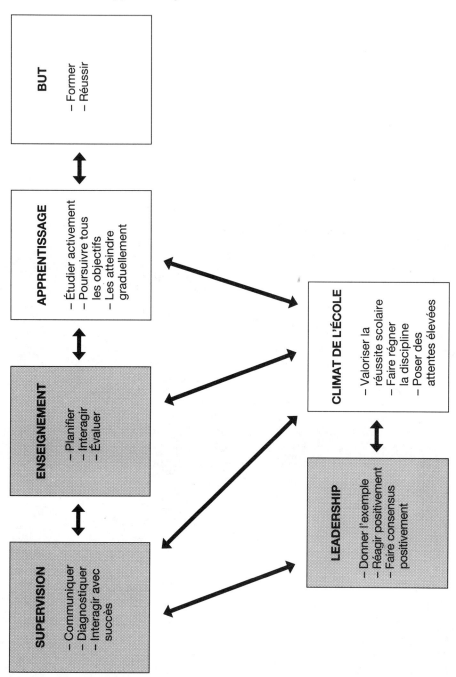

INTRODUCTION

Dans l'optique du type de supervision pédagogique que nous préconisons, un projet d'amélioration de la qualité de l'enseignement repose d'abord sur la volonté de participer des personnes concernées. Toutefois, pour qu'une supervision soit acceptée et efficace, il faut remplir une autre condition essentielle : **assurer les interventions les mieux adaptées au système client**.

En effet, le profil de comportement professionnel varie d'un individu à l'autre. Il peut être influencé par des variables très ponctuelles telles que le *bumping* (éviction d'un employé par un autre qui a plus d'ancienneté), l'imposition d'une matière ou une variation de la clientèle.

Chez un directeur d'école, par exemple, ce profil pourra varier en fonction des réactions des autres membres de la direction locale ou régionale, des réactions du personnel enseignant ou de sa propre compétence à assumer les tâches qui lui incombent.

Dans cette perspective, dresser le profil professionnel des personnes concernées est une activité essentielle de la supervision proprement dite. Elle permet de savoir qui entre en relation avec qui. Les données recueillies fournissent un éclairage utile quand vient le temps de choisir les interventions à faire tout au long de la démarche de supervision. Ces données permettront également d'envisager une stratégie plus appropriée, au moment de placer toute l'entreprise de supervision dans une conjoncture favorable.

LA TYPOLOGIE DES COMPORTEMENTS

On peut esquisser un profil de développement professionnel à partir d'une typologie qui se base sur deux ensembles de comportements:

— les comportements liés à la motivation et à l'engagement ;

— les comportements liés à l'habileté professionnelle.

Pour chacun de ces ensembles comportementaux, certains indicateurs permettent de déterminer une mesure assez juste soit du niveau d'engagement et de motivation, soit du niveau d'habileté professionnelle des personnes concernées (Laurin, Girard et Pouliot, 1986).

Les indicateurs comportementaux liés à l'engagement et à la motivation

Dans un contexte de relation d'aide, il faut garantir une certaine justesse et une objectivité de la mesure du niveau d'engagement et de motivation. Sept indicateurs comportementaux serviront à construire une grille d'analyse (tableau 4.1):

1. La volonté de prendre des responsabilités quant à une tâche précise. On pourra observer des comportements qui dénotent une très grande volonté de prendre des responsabilités, mais aussi des comportements qui indiquent une absence de volonté, voire une répugnance à agir.

2. Le désir de se réaliser grâce à une tâche particulière. Cet indicateur regroupe des comportements indiquant que la personne considère l'accomplissement des tâches d'enseignement ou de supervision comme une façon de s'épanouir, de s'améliorer, de se réaliser. Cette tendance varie d'une personne à l'autre et d'une tâche à l'autre.

3. La volonté de participer à un projet, en l'occurrence la supervision pédagogique. Cette participation peut être caractérisée par l'insouciance de l'enseignant quant à la tâche à accomplir ou, au contraire, par une volonté très visible de passer de l'intention à l'action.

4. La ténacité. Le niveau de ténacité pourra varier de la ferme intention de mener les activités prévues à terme au désir de toujours vouloir abandonner, capituler.

5. La volonté de prendre des initiatives. Un niveau d'initiative élevé s'exprimera par une recherche constante de nouvelles approches, tandis qu'un faible niveau d'initiative se traduira par le statu quo.

6. La volonté de prendre des décisions, d'être autonome quant à la tâche à accomplir. À cet égard, certains comportements indiquent une très grande autonomie, tandis que d'autres montrent une dépendance de l'enseignant vis-à-vis de ses pairs ou de la direction.

7. Le désir d'être flexible, de s'adapter aux changements.

La grille d'analyse proposée au tableau 4.1 fournit les données de base qui permettront de dresser les profils de développement professionnel (voir tableau 4.3).

Les indicateurs comportementaux liés à l'habileté professionnelle

Six indicateurs comportementaux permettent d'élaborer un outil de mesure du niveau d'habileté professionnelle:

1. L'expérience de la personne, qui tient souvent à sa fréquence de participation à des activités de supervision pédagogique et d'enseignement. Cette expérience peut avoir beaucoup d'importance, même si elle a été acquise sur une courte période (expérimentation massée). Normalement, l'expérience s'acquiert au fil des jours; elle est mesurée et évaluée en mois et en années de travail dans un domaine donné (expérimentation distribuée).

2. La connaissance du travail à accomplir et la compréhension des exigences liées à ce travail. Il peut y avoir absence totale des connaissances nécessaires à l'occupation du poste aussi bien qu'une très grande connaissance du travail à accomplir:

   - connaissance de la supervision et de ses exigences;
   - connaissance des conditions favorables à toute interaction humaine;
   - connaissance des programmes, et particulièrement de ceux qui sont à la source des enseignements qu'une personne prodigue;
   - compréhension des attentes exprimées dans les programmes;
   - connaissance des principes, théories et lois relatifs à l'apprentissage, à l'enseignement et à sa planification, à l'évaluation, et des exigences que cela impose sur le plan de l'action;
   - connaissance de la clientèle;
   - maîtrise d'acquis professionnels par rapport à la clientèle (habiletés d'animation, fonctionnement des groupes, approches spécifiques en fonction de l'âge, des particularités des individus, du type de groupe, etc.)
   - connaissance des individus, de leur histoire, etc.

3. La capacité de respecter les échéances en tenant compte des partenaires de travail. Cela suppose la compétence nécessaire pour modifier le système selon les exigences et pour se fixer des échéanciers réalistes.

4. La capacité de résoudre des problèmes. Cette capacité est très élevée lorsqu'on est capable de solutionner seul ses problèmes. Par contre, elle est très faible lorsqu'on a très souvent besoin d'aide ou qu'on est incapable de solutionner soi-même ses problèmes. Ce répertoire comportemental va aussi se traduire par:

   - la capacité de s'adapter à de nouvelles situations, à de nouvelles personnes;
   - la capacité d'atteindre un objectif par différents moyens, avec des solutions diversifiées;
   - la capacité d'aller au-devant des problèmes plutôt que de les subir.

5. L'efficacité de l'approche d'enseignement en ce qui concerne le rendement des élèves. Pour le personnel de direction comme pour le personnel enseignant, le fait d'amener le plus grand nombre possible

d'élèves à la réussite indique une très grande efficacité. À l'inverse, l'incapacité pour l'ensemble des élèves d'atteindre des objectifs minimaux, compte tenu, bien sûr, des ressources (intrants), indique une très faible efficacité.

6. La capacité d'assumer des responsabilités. Concrètement, cette dimension de la compétence professionnelle pourra se traduire par:

- la capacité d'établir des normes et de les définir de façon réaliste;
- la capacité de prendre des risques;
- la capacité de se considérer comme un élément de première importance quant à l'objectif de réussite scolaire;
- la capacité de motivation et d'autorenforcement.

L'outil d'analyse présenté au tableau 4.2 fournit un deuxième ensemble de données permettant d'esquisser le profil de développement professionnel.

L'analyse qualitative rendue possible par les deux outils suggérés (tableaux 4.1 et 4.2) ne peut être valable que si l'on tient compte de l'ensemble des cotes allouées, soit sept dans le premier cas et six dans le second cas.

LES PROFILS DU DÉVELOPPEMENT PROFESSIONNEL

Les outils d'analyse que sont les tableaux 4.1 et 4.2 permettent d'apprécier, au sujet de tâches spécifiques, le niveau de développement professionnel des personnes engagées dans une démarche de supervision. Ils permettent également d'imaginer, selon le niveau d'engagement et d'habileté, une série de profils où varient ces deux aspects (voir tableau 4.3). Rappelons toutefois qu'il est peu probable que ces profils existent à l'état pur et que le portrait esquissé peut être très instable, d'autant plus qu'il est souvent relié à des variables environnementales.

À la limite, les deux grilles (tableaux 4.1 et 4.2) qui décrivent le niveau de développement professionnel permettent de dégager quatre profils. Nous les présentons maintenant en insistant sur les comportements qui se rapportent à chacun d'eux.

Le profil 1 (P₁)

Ce profil se caractérise essentiellement par un faible niveau d'engagement et de motivation et un faible niveau d'habileté professionnelle. De façon plus explicite, ce premier type peut présenter certains des traits suivants:

TABLEAU 4.1   Niveau d'engagement et de motivation (E.M.)

DIMENSIONS						
1. Volonté de prendre des responsabilités	Très grande 6	Grande 5	Faible 4	Très faible 3	Aucune 2	Répugnance 1
2. Désir de réalisation	Très grand 6	Grand 5	Moyen 4	Faible 3	Très faible 2	Aucun 1
3. Niveau d'engagement	Très grand 6	Grand 5	Moyen 4	Faible 3	Très faible 2	Insouciance 1
4. Ténacité	Ne veut jamais abandonner 6	Abandonne très rarement 5	Abandonne rarement 4	Abandonne parfois 3	Abandonne facilement 2	Abandonne très facilement 1
5. Initiative	Recherche constamment de nouvelles approches 6	Recherche très souvent 5	Recherche souvent 4	Recherche rarement 3	Recherche très rarement 2	Se contente d'un statu quo 1
6. Autonomie	Très grande recherche d'autonomie 6	Grande 5	Moyenne 4	Faible 3	Très faible 2	Attitude de dépendance face aux autres, à la direction 1
7. Flexibilité	Très grande ouverture aux changements, volonté d'adaptation 6	Grande 5	Moyenne 4	Faible 3	Très faible 2	Absence d'ouverture, résistance marquée aux changements 1
TOTAL E.M.	42					

TABLEAU 4.2   Niveau d'habileté professionnelle (H.P.)

DIMENSIONS	6	5	4	3	2	1
1. Expérience	Possède une très grande expérience pertinente à la tâche	Possède une grande expérience	Possède une expérience moyenne	Possède peu d'expérience	Possède très peu d'expérience	Expérience négligeable ou nulle
2. Connaissances pertinentes à la tâche	Connaissances vastes et approfondies à la tâche	Connaissances assez vastes et approfondies	Connaissances de base	Peu de connaissances	Très peu de connaissances	N'a pas les connaissances nécessaires
3. Respect des échéances	Respecte toujours	Respecte très souvent	Respecte assez souvent	Respecte parfois	Respecte très rarement	Ne termine jamais une tâche à temps
4. Capacité de résoudre des problèmes	Résout ses problèmes de façon autonome	A très rarement besoin d'aide	A parfois besoin d'aide	A souvent besoin d'aide	A très souvent besoin d'aide	N'est pas capable de résoudre un problème de façon autonome
5. Efficacité de l'approche d'enseignement quant au rendement des élèves	Très efficace	Efficace	Moyennement efficace	Peu efficace	Très peu efficace	Aucune efficacité
6. Capacité d'assumer des responsabilités	Très grande capacité	Grande	Moyenne	Faible	Très faible	Doit être continuellement contrôlé, orienté

TOTAL H.P. : 36

- motivation plutôt externe et tangible;
- intérêt réduit pour la tâche elle-même;
- faible autonomie dans l'accomplissement de la tâche et forte dépendance;
- adaptation difficile à de nouvelles tâches ou conditions;
- vision à court terme;
- insistance sur les conditions plutôt que sur la tâche elle-même;
- fuite des responsabilités;
- faible engagement à l'égard de la tâche de supervision ou d'enseignement (en temps et en intensité);
- hésitation et dépendance dans la prise de décisions;
- interventions et interactions peu variées et peu adaptées;
- risque élevé d'abandon de la tâche ou d'absence;
- effort réduit par rapport à la tâche (en temps et en intensité);
- perfectionnement nul ou réduit;
- niveau élevé d'aliénation par rapport à la tâche;
- transfert des responsabilités aux autres.

Le profil 2 (P₂)

Ce profil se caractérise essentiellement par un haut niveau d'engagement et de motivation et un faible niveau d'habileté professionnelle.

Concrètement, une personne appartenant à ce type peut présenter les traits suivants:

- elle est enthousiaste, énergique et pleine de bonnes intentions;
- elle a le souci de devenir meilleure sur le plan professionnel;
- elle est capable de motiver;
- elle travaille très fort et, habituellement, quitte l'école en emportant du travail à la maison;
- ses bonnes intentions sont contrebalancées par le manque d'habileté à réfléchir sur les problèmes et à agir de façon réaliste;
- elle est habituellement engagée dans de multiples projets et activités, mais devient facilement confuse, découragée et éparpillée dans des tâches irréalistes qu'elle s'impose. Le résultat, c'est que cette personne complète rarement un effort d'amélioration avant d'en entreprendre un autre;

- elle a besoin de sécurité, mais aussi d'appartenir à un groupe;
- son enthousiasme au travail nécessite une motivation externe et un contrôle externe;
- elle aura tendance à être plus motivée par les activités sociales de l'organisation que par sa tâche professionnelle;
- elle veut prendre des responsabilités, mais elle est difficilement capable de le faire;
- elle est motivée, en grande partie, par les incitations économiques et par les relations interpersonnelles.

Le profil 3 (P_3)

Ce profil se caractérise par un faible niveau d'engagement et de motivation et un haut niveau d'habileté professionnelle.

On reconnaîtra une personne de ce type par certains des traits distinctifs suivants:

- elle est motivée par des aspects sociaux, plus par besoin d'estime que par besoin d'appartenance;
- malgré ce besoin de reconnaissance, elle trouve des défis dans son travail;
- sur le plan de la tâche, elle est active, indépendante, autonome, et son niveau d'activité est élevé;
- elle ne veut pas prendre de responsabilités, même si elle en est capable;
- elle parle beaucoup et est toujours prête à suggérer de grandes idées sur l'amélioration de sa classe, des autres classes et de l'école en général;
- elle a de la difficulté à passer à l'action;
- elle sait ce qu'il faut faire, mais ne veut pas investir de temps, d'énergie ni fournir les efforts nécessaires à la réalisation des solutions.

Le profil 4 (P_4)

Ce profil se caractérise par un haut niveau d'engagement et de motivation et un haut niveau d'habileté professionnelle. On reconnaîtra une personne ayant ce profil par les traits suivants:

- elle est une véritable professionnelle, continuellement soucieuse de s'améliorer pour le mieux-être des autres;

- elle peut réfléchir aux problèmes, considérer les différentes possibilités, faire un choix rationnel, concevoir et appliquer un plan d'action approprié;

- elle participe non seulement à son environnement immédiat, mais aussi à l'ensemble de l'école;

- elle est considérée comme un leader informel à qui on peut demander de l'aide;

- elle s'engage activement en analysant, en contribuant à la conception et à la réalisation de tout projet intéressant qui lui est présenté;

- elle peut être qualifiée de personne en recherche constante d'actualisation, car elle l'est;

- elle est surtout motivée par des besoins supérieurs;

- elle est très active, indépendante et autonome;

- elle est capable d'agir de plusieurs façons, si la situation l'exige;

- elle n'a pas grand besoin de soutien, d'autodéveloppement;

- elle possède une vision à long terme;

- elle est capable de se fixer des objectifs élevés, qui demeurent accessibles;

- elle possède des intérêts profonds et forts;

- elle recherche des défis, veut s'accomplir, se dépasser et être reconnue;

- elle veut prendre des responsabilités et est capable de le faire.

Le tableau 4.3 illustre ces quatre types de profils. Il fait référence aux deux ensembles comportementaux utilisés précédemment, soit les comportements liés à l'engagement et à la motivation et ceux liés à l'habileté professionnelle.

L'ADAPTATION DU STYLE DE SUPERVISION

De très nombreuses recherches démontrent qu'un leadership démocratique devrait fournir les conditions assurant une intervention acceptée et efficace. Toutefois, cette vision traditionnelle du leader se révèle correcte auprès de certains types de personnes seulement.

TABLEAU 4.3   Quatre profils se dégagent des données des tableaux 4.1 et 4.2

	NIVEAUX DE DÉVELOPPEMENT PROFESSIONNEL			
ENGAGEMENT ET MOTIVATION	Faible	Haut	Faible	Haut
HABILETÉS PROFESSIONNELLES	Faible	Faible	Haut	Haut
	P_1	P_2	P_3	P_4

Nous croyons que le vrai leadership, dans un contexte de relation d'aide, c'est celui qui fait que le superviseur se situe juste un pas devant la personne supervisée. Pour la personne dépendante, dans un cadre précis, le leader démocrate est celui qui fait preuve de directivité, qui guide, qui suggère, qui ne laisse qu'une petite marge d'autonomie, tout en visant, à moyen terme, l'élargissement de cette marge.

Avec une personne peu autonome, l'exercice d'un leadership démocratique selon la conception traditionnelle signifierait la mise en place presque assurée du « laisser-aller » et un échec dans l'accomplissement de la tâche.

Une fois identifié le profil comportemental professionnel des personnes concernées par des actions de supervision pédagogique, il devient plus facile, pour celles qui supervisent comme pour celles qui sont supervisées, de prévoir les interventions et les interactions les plus appropriées.

Bien sûr, dans la vie courante, chaque personne offre un portrait mixte. Les variables de l'environnement auront une large influence sur son profil comportemental professionnel.

Prenons l'exemple d'une enseignante qui œuvre depuis plusieurs années en deuxième année du primaire et qu'on «propulse» en sixième année à cause d'un changement de clientèle. Un bref diagnostic permettra probablement de déceler une motivation basse (changement imposé), la nécessité de consolider des habiletés professionnelles (nouvelles matières) et une insécurité face à la nécessité de s'adapter à une clientèle différente. Pourtant, si la même enseignante continuait en deuxième année, avec un groupe intéressant, l'analyse du profil comportemental pourrait alors révéler une motivation élevée et une habileté professionnelle élevée.

Prenons, comme deuxième exemple, le cas d'un directeur d'école primaire qu'une politique régionale de gestion du personnel oblige à quitter son poste pour aller se joindre à l'équipe de direction d'une polyvalente. Il est probable qu'on observe une altération marquée de son profil comportemental, du moins en ce qui a trait à certaines de ses nouvelles tâches, et pour un certain temps.

Au moment de mettre en œuvre un projet de supervision pédagogique, la question fondamentale sera: Quelles sont les conditions qui permettront aux personnes d'interagir, d'intervenir de façon mieux adaptée et, ainsi, de vivre une supervision pédagogique mieux acceptée et plus efficace? Pour répondre à cette question, nous suggérons au superviseur une série de jalons. Ajoutons que des conseils très semblables peuvent être transposés à une situation d'enseignement-apprentissage.

La supervision d'un enseignant de profil 1

Pour adapter une relation d'aide à l'enseignant de profil 1, le superviseur devra tenir compte des suggestions suivantes:

— fournir de l'aide de façon très concrète et pratique;

— mettre l'accent sur
  • ce qu'il faut faire,
  • comment le faire,
  • les circonstances dans lesquelles cela devrait être fait;

— prendre l'initiative de présenter des modèles applicables en classe;

— proposer des choix de matériel et aider à l'utiliser;

- fournir des exemples de mise en situation conformes à la démarche d'apprentissage, à la démarche évaluative et à la démarche pédagogique;

- suggérer les types de supports pédagogiques pouvant soutenir l'enseignement;

- aider à mettre l'accent sur ce qui est important;

- définir des normes réalistes et motivantes;

- inclure dans les discussions des exemples pratiques et des applications plutôt que de la théorie et des généralisations;

- prévoir un programme de renforcement continu et utiliser des renforçateurs significatifs, tangibles.

Le superviseur devra laisser suffisamment de temps à la personne supervisée pour que les idées émises puissent être appliquées et consolidées. Un suivi est nécessaire avec les personnes ayant ce type de profil, car elles peuvent manifester une certaine insécurité au moment de mettre en pratique les conseils prodigués. Faute de suivi, les suggestions qui ne fonctionnent pas immédiatement risquent d'être abandonnées. Au moment du suivi, le soutien devrait être plutôt directif, car la personne qui a un profil de type 1 a besoin qu'on lui dise quoi faire et comment le faire.

En somme, dans ce premier cas, le superviseur clarifie le problème en s'appuyant sur les données recueillies. Il présente son point de vue, dirige le plan d'action, fait la démonstration de comportements appropriés, décide des normes de performance et fournit la motivation et le renforcement pour que la personne supervisée améliore son enseignement.

La supervision d'un enseignant de profil 2

Pour adapter une relation d'aide à l'enseignant de profil 2, le superviseur devra tenir compte des suggestions suivantes:

- présenter des choix à l'enseignant;

- mettre l'accent non sur les applications particulières de ce qui s'est produit en classe, mais sur la présentation globale. Les discussions, qui comprennent de nombreux points de vue en relation avec les résultats, devraient conduire à expliquer rationnellement pourquoi les choses se passent ainsi;

- laisser à l'enseignant la possibilité de participer à la planification et à l'organisation de la démarche de supervision. L'enseignant devrait partager son point de vue et son expérience de l'enseignement avec le superviseur. Ainsi, il peut avoir une perspective plus large et plus complète.

Dans ce type de supervision, le soutien en matière de suivi devrait se faire sous forme de collaboration. L'enseignant s'enrichit alors d'une participation active: il identifie les éléments à travailler et les solutions possibles.

La personne qui supervise présente son point de vue, questionne l'enseignant pour clarifier la situation dans le domaine qui a besoin d'être amélioré, écoute attentivement, amorce la solution du problème et négocie une solution au problème identifié.

En somme, l'enseignant et le superviseur partagent la prise de décision et établissent un contrat mutuel. Le superviseur indique ainsi qu'il croit à l'importance de la collaboration.

La supervision d'un enseignant de profil 3

Pour adapter une relation d'aide à l'enseignant de profil 3, le superviseur devra tenir compte des suggestions suivantes:

— être à l'écoute de l'enseignant;

— encourager la discussion des points à améliorer;

— clarifier les problèmes;

— présenter des idées ou des points de vue, s'ils sont demandés par l'enseignant;

— corroborer ou nuancer les solutions proposées aux problèmes.

Dans ce type d'interaction, c'est l'enseignant qui détermine le plan d'action. Le superviseur tient pour acquis que sa décision est la plus sage et la plus responsable en ce qui a trait à l'amélioration de l'enseignement. Il considère que l'enseignant a besoin d'un environnement qui lui permette de travailler agréablement et que, en conséquence, il choisit d'approfondir les sujets qui l'intéressent. Il suffit donc de lui fournir les occasions qui l'aideront à développer son jugement critique et sa créativité. Ce soutien ou suivi devrait être non directif, laissant ainsi à l'enseignant le soin d'identifier de façon autonome les champs de travail et les normes pour atteindre ses objectifs.

La supervision d'un enseignant de profil 4

On aurait tout lieu de croire que l'enseignant de profil 4 n'a besoin d'aucune supervision. Cependant, même la personne la plus motivée ou la plus autonome peut, si on l'«ignore» systématiquement, être victime d'extinction, au moins partielle. Le processus d'extinction peut atténuer, et même neutraliser, des comportements et attitudes pourtant très présents chez une personne. Aussi, pour adapter une relation d'aide à un enseignant de profil 4, le superviseur devra tenir compte des suggestions suivantes:

– être très attentif aux propos de l'enseignant, car cette personne est souvent innovatrice;

– questionner et vérifier s'il comprend bien ses propos;

– encourager la discussion, la provoquer, lui demander de donner sa perception du système, de suggérer des pistes d'innovation;

– pouvoir fournir des hypothèses de travail sur demande;

– corroborer la justesse des solutions proposées;

– approuver les normes proposées et savoir indiquer leur degré de pertinence;

– souligner avec précision, de façon sporadique, la qualité de son travail.

CONCLUSION

En supervision, il faut maîtriser plusieurs compétences. Parmi celles-ci, la capacité de s'adapter à toutes sortes de réactions chez ceux et celles qui interagissent avec soi ou interviennent dans le débat n'est certes pas la moindre. L'idée des profils de développement professionnel peut s'avérer intéressante sous ce rapport, car le fait de connaître son propre profil et celui de la personne avec laquelle on agit et interagit permet sans doute d'améliorer la qualité des résultats.

EXERCICES

1. À partir de la description donnée dans chacun des deux cas suivants, indiquez les comportements les plus susceptibles de représenter le profil de la personne supervisée et ceux qui devraient représenter le profil du superviseur.

Cas n° 1

> *Claire est enseignante à l'école Dominique-Savio. Elle enseigne depuis 22 ans. Au cours de sa carrière, elle a connu «trop souvent à son goût» la valse des enseignants, considérés comme peu compétents et jamais à la bonne place. Elle-même a fait 11 écoles différentes en 22 années de service.*
>
> *Claire est une syndicaliste aveugle, mais elle n'a jamais occupé un rôle clé sur ce plan. Elle montre beaucoup d'agressivité et ne craint pas de se prononcer... presque toujours contre.*
>
> *La semaine dernière, Maxime, le directeur d'école, a invité les professeurs à une réunion de discussion sur le projet éducatif. Au menu, quelques experts, quelques directeurs et enseignants d'autres écoles qui ont parlé de leur expérience sur le sujet «C'est quoi, le projet éducatif?». Une période de discussion a suivi.*
>
> *Hier, au cours d'une réunion visant à évaluer cette journée et à en dégager les suites possibles, Claire, au milieu d'un groupe de collègues, a dénoncé ce qu'elle a appelé une manœuvre incitant les professeurs de l'école Dominique-Savio à «entrer dans la danse»...*

Profil de la personne supervisée	Caractéristiques du style de supervision

> *Vous êtes à la direction d'une école élémentaire de 300 élèves depuis quatre ans. À chaque début d'année, vous réunissez les professeurs pour fixer les objectifs de l'école, revoir leur fonctionnement, prendre connaissance du budget école alloué pour l'année et faire une analyse de la gestion de l'école en fonction d'améliorations à apporter.*
>
> *Chaque année, vous constatez un intérêt grandissant des professeurs pour cette rencontre importante.*
>
> *Depuis deux ans, à la fin de l'année, vous rédigez un rapport d'évaluation sur l'année qui vient de s'écouler, et tout cela, en parfait accord avec les professeurs.*
>
> *Votre directeur général, à la lecture du rapport annuel, ne fait que constater la productivité étonnante que vous atteignez avec vos professeurs. D'ailleurs, il n'oublie pas de le souligner à l'occasion de votre entrevue d'évaluation de fin d'année.*
>
> *Cette année, le directeur général, influencé par votre exemple, réunit les directeurs des écoles de la commission scolaire. Après discussion et avec un certain consensus, il fixe les trois objectifs de base que les écoles devraient poursuivre cette année. Ce qui n'empêchera pas chaque école de fixer ses propres objectifs.*
>
> *Vous décidez de ne pas collaborer à cette opération « objectifs école », déclenchée par le directeur général. Vous le lui faites savoir clairement.*

Profil de la personne supervisée	Caractéristiques du style de supervision

2. Selon vous, si l'on souhaite une supervision adaptée, quelle importance (faible, moyenne, élevée) devrait-on accorder à chacun des comportements énumérés dans le tableau de la page 80 par rapport aux quatre situations présentées dans la colonne de gauche?

3. Pourquoi est-il important, en contexte de supervision pédagogique, que le superviseur connaisse son profil de développement professionnel?

4. Que veut-on dire lorsqu'on affirme qu'aucun profil n'existe à l'état pur? Quelles sont les conséquences de cet état de fait en supervision pédagogique?

5. Quels comportements importants en supervision pédagogique ont une influence directe sur les attitudes de la personne supervisée? Sur quelles attitudes agissent-ils? Comment expliquer cette influence?

COMPORTEMENT	Écoute	Clarifie	Encourage	Présente le problème	Solutionne le problème	Négocie	Démontre	Dirige	Définit les standards	Renforce
SITUATION	1	2	3	4	5	6	7	8	9	10
1. La personne supervisée est de profil P_1										
2. La personne supervisée est de profil P_2										
3. La personne supervisée est de profil P_3										
4. La personne supervisée est de profil P_4										

BIBLIOGRAPHIE

BROSSARD, A. et L. BRUNET « Les rôles de direction et le fonctionnement efficace des écoles », *Information*, vol. 24, n° 5, 1985.

BRUNET, L. *Le climat de travail dans l'organisation : définition, diagnostic et conséquences*, Agence d'Arc, Montréal, 1983.

HERSHEY, P. *Le leadership situationnel* (traduit par Henri Allaire), Les Éditions d'Organisation, Paris, 1989.

LAURIN, P., L. GIRARD et R.-A. POULIOT *Supervision pédagogique : une relation d'aide*, Ministère de l'Éducation, DGR, Montréal, 1986.

LEDUC, A. *Recherches sur le behaviorisme paradigmatique ou social*, Behaviora, Brossard, 1984.

LÉVESQUE-ROY, M. *Enseignement du français et pédagogie pour les maîtres de l'apprentissage*, Ministère de l'Éducation, DGDP, Montréal, 1982.

McGREGOR, D. *La dimension humaine de l'entreprise*, Gauthier Villars, Paris, 1971.

STAATS, A.W. *Behaviorisme social* (traduit par A. Leduc, R. Beausoleil et C. Caron), Behaviora, Brossard, 1986.

CINQUIÈME CONDITION
Une démarche synergique

FIGURE 5.1 Modèle intégrateur des facteurs de formation et de réussite dans les apprentissages scolaires

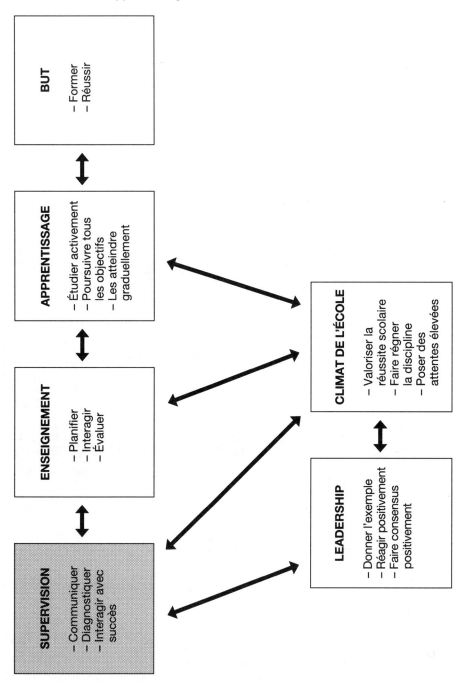

INTRODUCTION

L'école est un système aux nombreuses composantes (sous-systèmes) dans lequel la supervision pédagogique joue un rôle primordial. Ce rôle, elle le joue à la condition d'y appliquer une vision systémique, de tenir compte des attitudes et d'adapter les interactions aux caractéristiques des personnes.

Sur le plan de la pratique, la supervision pédagogique s'intègre à une démarche qui doit nécessairement satisfaire ces conditions. Voilà pourquoi nous avons emprunté à des auteurs tels Goldhammer (1980), Cogan (1973) et Bellon (1978, 1982), les aspects techniques du modèle de supervision scolaire que certains ont qualifié de **clinique** et d'autres de **synergique**. Toutefois, il a fallu adapter ce modèle. C'est ainsi que nous avons modifié les rôles des intervenants, notamment en plaçant la personne qui est supervisée et son superviseur en situation d'apprentissage par interaction : l'un apprend à mieux enseigner, l'autre apprend à mieux superviser. Par ailleurs, tous deux interagissent volontairement en insistant sur leurs points forts respectifs plutôt que sur leurs points faibles, de sorte que chacun se sent valorisé.

Bref, la démarche de supervision présentée ici n'entre pas en contradiction avec ce qui s'est déjà fait sur le sujet, elle en est le prolongement. Mais surtout, elle entretient une relation étroite avec les traditions et les valeurs de notre époque. Enfin, elle tient aussi compte de nouveaux modèles théoriques empruntés à la gestion des ressources humaines (Archier et Sérieyx, 1986) et à la psychologie sociale (Staats, 1986), de même que des résultats de la recherche en éducation (Squires *et al.*, 1984 ; Morissette *et al.*, 1990).

UN PORTRAIT GLOBAL DE LA DÉMARCHE

La démarche de supervision pédagogique que nous préconisons commence par présenter et faire accomplir des gestes de supervision de portée et de complexité très limitées. Nous augmentons graduellement cette portée et cette complexité, au fur et à mesure que les connaissances augmentent et les habiletés s'améliorent, que des succès d'abord modestes puis de plus en plus marquants sont remportés.

Cette stratégie a le grand avantage d'atteindre rapidement le milieu. Elle suscite très vite la compréhension de ce qui est expliqué, puis des actions concrètes, souvent efficaces dans le domaine visé. Les connaissances se multipliant, l'action se répétant et les habiletés s'améliorant, la supervision en vient graduellement à s'attaquer à des aspects de portée et de complexité plus grandes. C'est une stratégie qui s'inspire à la fois de la formation « sur le tas » et du processus d'induction.

Cette démarche de supervision ne touche qu'un champ très limité de tout ce que recouvre, en tant que fonction administrative globale, la supervision scolaire. Elle se limite à la supervision de l'enseignement lui-même et comprend donc les interactions qui se produisent entre les élèves et leur enseignant. Nous abordons cette démarche en nous centrant d'abord sur une série d'actions relativement simples, dont nous essayons de favoriser au maximum la compréhension et le succès. Ces premières actions constituent la base d'un cheminement qui évolue, graduellement mais sûrement, vers des situations plus complexes, vers la résolution de difficultés plus grandes.

Le processus de supervision doit s'amorcer dans des conditions taillées sur mesure, autant que possible. C'est ainsi qu'on ne peut l'entreprendre qu'avec des personnes qui la souhaitent. Alors, la supervision ne porte que sur les aspects de l'enseignement qui sont les mieux maîtrisés par l'enseignant. Elle se fait par une interaction positive entre deux personnes qui cherchent à acquérir de nouvelles habiletés, en supervision ou en enseignement, ou une nouvelle compréhension de la réalité.

La supervision peut même être le fait de deux personnes (deux pairs, par exemple) qui décident de s'entraider (des enseignants qui jumellent leurs efforts). Cependant, le directeur d'école dispose, à l'occasion de l'implantation d'une démarche de supervision, d'une excellente occasion d'exercer son leadership, un leadership compétent qui vise une réelle communication.

Cette supervision est qualifiée de « synergique » parce qu'elle permet à deux personnes de conjuguer leurs énergies, leurs ressources, en vue d'atteindre un objectif commun. Celui-ci consiste à améliorer l'acte d'enseignement et, par conséquent, les résultats de l'apprentissage. En dernier ressort, il vise à procurer aux élèves une excellente formation grâce à la réussite des programmes.

LA SUPERVISION SYNERGIQUE[1]

Une saine supervision pédagogique doit tenir compte de la réalité vécue dans les écoles; elle doit également se fonder sur une interaction positive

---

1 Les pages qui suivent présentent un résumé de l'ouvrage publié par Morissette, Girard, McLean, Parent et Laurin.

entre les personnes, interaction qui fait appel aux ressources réciproques et amène l'une et l'autre à vivre pleinement leur rôle d'éducateur ou de formateur.

De plus, et parce qu'il lui faut s'inscrire dans une évolution graduelle des pratiques, la supervision pédagogique doit, dans un premier temps, n'engager que des personnes – directeurs, enseignants ou autres membres du personnel – qui acceptent et même souhaitent s'y engager. L'essence et la force d'une démarche de supervision reposent sur le partage, la confiance et la collaboration, des attitudes qui garantissent son efficacité. Autrement dit, pour avoir quelque chance de succès, il faut qu'un modèle de supervision pédagogique soit **synergique**, qu'il fasse converger les énergies plutôt que de les opposer ou de les laisser se déployer en parallèle.

La définition théorique de la supervision synergique

En contexte scolaire, la supervision synergique se définit donc comme l'association étroite des compétences de deux ou de plusieurs personnes qui partagent un but commun, soit l'amélioration de l'enseignement, et une stratégie commune, soit l'analyse des situations d'enseignement fondée sur l'observation des comportements, et particulièrement des comportements en classe. Cette interaction s'insère dans un processus d'entraide où les intervenants sont tous actifs et où les responsabilités sont partagées. Tant par sa finalité que par ses caractéristiques essentielles, cette forme de supervision ne pourrait donc pas répondre à des exigences administratives et hiérarchiques de sélection, de contrôle ou de promotion. Cependant, l'observation, la mesure et l'évaluation y sont systématiques et rigoureuses.

Ainsi, les directeurs habitués à se consacrer presque exclusivement à des tâches administratives devront se renseigner au sujet de la planification des programmes, du développement des organisations d'enseignement, de l'évaluation et de la planification de l'enseignement et de l'élaboration des stratégies d'enseignement. Bref, ils devront traiter des véritables problèmes de la pédagogie, en plus de veiller à ce que leurs actions de supervision soient efficaces et pertinentes.

Les enseignants, pour leur part, devront s'informer des récents développements dans le domaine des programmes. Ils devront connaître les stratégies d'enseignement les plus efficaces pour atteindre les objectifs visés. Ils devront aussi être capables d'évaluer leurs élèves et de travailler avec eux, individuellement et en groupe.

Les directeurs devront enfin améliorer leur capacité de mener à bien les entrevues qui servent à préparer l'observation, ils devront aussi être capables de bien observer et d'exploiter les données recueillies. L'écoute active sera probablement l'une des habiletés importantes à utiliser en de telles occasions.

Voilà autant de défis qu'une démarche synergique, ancrée dans la collaboration et le partage, peut contribuer à relever.

Les postulats fondamentaux en supervision synergique

La supervision synergique, surtout parce qu'elle nécessite une interaction positive et vise une amélioration de l'enseignement, doit s'appuyer sur des postulats explicites. En voici quelques-uns.

1. L'enseignement est constitué d'un ensemble de comportements aux caractéristiques identifiables et observables, qu'on peut classer et regrouper. Par ailleurs, l'enseignant peut apprendre à modifier son action pédagogique pour qu'elle tienne compte de ces caractéristiques. Ainsi, il peut améliorer l'efficacité de son enseignement.

2. Il est tout à fait possible d'analyser l'acte d'enseignement, d'en identifier les points forts pour ensuite les consolider, d'en déceler éventuellement les points faibles pour ensuite les corriger ou y introduire des comportements nouveaux, plus appropriés. Cette recherche de l'excellence est continuellement révélée par la qualité accrue des apprentissages des élèves.

3. Pour en arriver à augmenter l'efficacité de l'enseignement, il importe que la relation qui s'établit en supervision soit animée par la confiance, le respect et le souci d'aider l'autre. Plus le niveau de confiance entre les personnes engagées est élevé, plus la possibilité d'en arriver à un processus de rétroaction efficace est grande.

4. Le but ultime de la supervision synergique est d'améliorer la formation, l'apprentissage de l'élève ; cela se concrétise par l'atteinte efficace et efficiente des objectifs d'éducation scolaire tels qu'ils ont été spécifiés par chaque milieu.

5. Une rétroaction objective faite à partir de données d'observation facilite grandement les échanges entre les personnes participant à une démarche de supervision pédagogique. Cette rétroaction est d'autant plus objective qu'elle se fonde sur des faits observés. Elle procure ainsi des informations qui permettent de planifier des changements éventuels de comportement.

LES ÉTAPES DE LA SUPERVISION SYNERGIQUE

Concrètement, la supervision synergique prend la forme d'un processus cyclique qui comporte des étapes distinctes et successives, soit :

- l'entrevue préparatoire;
- la cueillette des données par l'observation en classe;
- l'entrevue d'analyse et d'interprétation des données;
- la mise au point du perfectionnement.

Ce processus est détaillé dans les paragraphes qui suivent et illustré à la figure 5.2 (pour plus de détails, voir Morissette, Girard, McLean *et al.*, 1990).

FIGURE 5.2   La supervision synergique : un processus cyclique en quatre étapes majeures

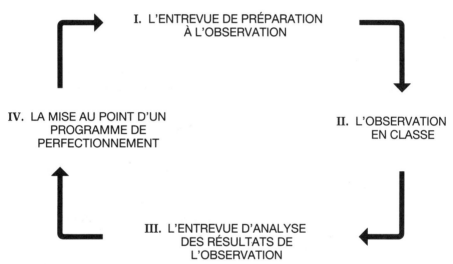

L'entrevue préparatoire

La première étape du processus de supervision synergique consiste en une entrevue qui réunit le superviseur et la personne supervisée. C'est là que s'établit la communication et se prépare, en détail, la cueillette des données.

Cette rencontre vise à bâtir une relation de confiance, à choisir l'élément de la réalité de la classe qui sera observé par le superviseur et à repasser, ensemble, les divers aspects susceptibles de faciliter la cueillette de données intéressantes lors de l'observation. Les sujets alors discutés se regroupent autour des thèmes suivants :

1. L'objet et les conditions d'observation

   – le contenu, la forme ou les modalités de l'observation,
   – les objectifs, le contenu, les stratégies d'enseignement et l'évaluation des apprentissages,
   – les caractéristiques des élèves ou du groupe qui seront observés,
   – le matériel utilisé.

2. Le rôle des personnes

   – le rôle de la personne supervisée, les modalités de son action en classe,
   – le rôle exact et les gestes du superviseur, en classe.

Pourquoi une entrevue préparatoire?

L'entrevue préparatoire doit surtout permettre d'amorcer le processus de supervision par une saine communication. Autrement dit, le but le plus important de cette entrevue est de développer des relations ouvertes, honnêtes et acceptées entre le superviseur et la personne supervisée.

Comment procéder à l'entrevue préparatoire

Idéalement, des informations concernant le processus de supervision synergique et même un certain entraînement devraient préparer les enseignants à cette démarche. C'est ainsi que, dans certains milieux, lorsque des directeurs d'école s'engagent dans une session de formation en supervision, on sent le besoin d'inclure également un certain nombre d'enseignants de la même organisation, des personnes qui participeront éventuellement au processus de supervision synergique. Cette pratique a généralement pour effet de renforcer l'esprit d'équipe et de favoriser le succès des actions entreprises en vue d'améliorer la qualité de la supervision de l'enseignement et de l'apprentissage.

Quoi qu'il en soit, dans un premier temps, il faut généralement commencer par rappeler à la personne supervisée le processus dans lequel elle s'engagera éventuellement. Il faut alors insister sur le fait que la **supervision synergique ne vise pas à changer la personnalité de l'enseignant, mais uniquement à améliorer son action auprès des élèves.**

La dynamique de l'entrevue préparatoire dépend, en grande partie, de la connaissance qu'ont les personnes de leur rôle respectif et de leur habitude à travailler ensemble. Cependant, cette relation de supervision diffère de leur relation habituelle. Ici, la personne qui supervise doit veiller attentivement à ne pas déstabiliser la personne supervisée, par exemple en créant de la méfiance ou un recul par une attitude inappropriée.

Le but principal de l'entrevue préparatoire est de permettre au superviseur d'acquérir une idée claire de ce que l'on veut observer ou discuter d'un commun accord. Cette étape contribue à éliminer l'image de l'inspecteur d'école qui contrôle le rendement de l'enseignant. Le superviseur explique son véritable rôle soit, par exemple, celui de quelqu'un qui veut observer les réactions des élèves au moment où l'enseignant performe le mieux (et non au moment où il y a erreur ou échec).

Afin de ne pas créer une surcharge de travail pour l'une ou l'autre des parties, l'entrevue peut généralement se faire en 10 minutes, surtout lorsque le superviseur a acquis une certaine expérience et que la personne supervisée est déjà au courant de la technique. Cette période suffit pour couvrir tous les points importants de la rencontre, prévue depuis plusieurs jours.

Dans certains milieux, on a mis au point des formules qui facilitent l'entrevue et permettent, notamment, de respecter plus facilement le temps disponible. Elles peuvent effectivement aider. Toutefois, le climat de confiance, condition préalable à la réussite de la supervision synergique, ne se crée pas à partir d'intentions mais bien à partir de réalisations. C'est pourquoi le superviseur doit veiller à ne pas laisser un formulaire rempli par l'enseignant se substituer à l'entrevue. Les relations de travail empreintes de collégialité sont le fondement même de la supervision synergique. Elles ne seront renforcées que par des interactions de personne à personne, pendant l'entrevue de préparation et l'entrevue qui suit la cueillette de données.

Si l'établissement de relations de confiance et la réponse aux besoins de la personne supervisée constituent des priorités lors de l'entrevue de préparation, le superviseur ne doit pas pour autant oublier ses propres besoins, ses propres motivations. D'autant plus que cela pourra lui éviter de dire ou de penser des choses qui, tout en satisfaisant son ego, l'empêcheraient de comprendre ce que souhaite lui communiquer la personne supervisée.

C'est bien plus la façon de se comporter du superviseur que les mots qu'il prononce en entrevue qui pourra favoriser la qualité des relations qui se noueront entre les deux personnes. C'est donc ce qu'il fait tout au long de ses expériences de supervision synergique (entrevues, observations, évaluations, accompagnements) qui contribue davantage à la confiance et à la compréhension réciproques.

La présente démarche de supervision, axée sur l'amélioration de la qualité de l'enseignement et de l'apprentissage, a déjà amené l'enseignant et le superviseur à discuter des caractéristiques de la classe, à clarifier les objectifs, à décrire les traits importants des élèves, à détailler les moyens d'évaluation, à échanger sur les stratégies d'intervention et sur le matériel didactique, et à se concerter quant aux priorités de l'observation et au rôle du superviseur lors de sa visite en classe. Ainsi, les chances d'améliorer la planification de l'enseignement sur une base de collaboration sont évidemment très nombreuses.

La cueillette des données

La deuxième étape de la supervision synergique consiste à recueillir des informations, en conformité avec les décisions prises en commun lors de la première étape. Autrement dit, le superviseur note le contenu prévu selon les modalités prévues, sans porter de jugement sur la qualité de ce qu'il observe. Cette étape permet d'obtenir une série de données objectives ou de faits, un récit objectif des activités ou des procédés observés, particulièrement chez les élèves.

Lorsque l'entrevue préparatoire est bien menée, que tout est clair pour les deux parties, le superviseur est certes en meilleure position pour remplir sa tâche d'observation avec succès. Le fait de bien connaître ce qui va être discuté facilite grandement les activités d'observation : l'observateur comprend mieux ce qu'on attend de lui, soit la réalisation d'une observation et d'une notation axées explicitement et uniquement sur les faits ou même sur une seule catégorie de faits, choisie d'un commun accord.

Il y a un grand nombre de techniques de cueillette de données. Chaque superviseur doit découvrir ses propres méthodes, les mettre à l'épreuve et les améliorer graduellement. Aux chapitres 6 et, surtout, 7, nous en proposons quelques-unes.

L'entrevue d'analyse et d'interprétation des résultats de l'observation

Comme il est souvent souligné, les responsables de la supervision pédagogique de plusieurs milieux ont rarement l'habitude de discuter, en entrevue ou autrement, des observations faites ou d'analyser avec les enseignants la qualité de leur tâche d'enseignement ou la qualité des actions de supervision de l'enseignement. En effet, dans ce domaine, un grand nombre de responsables de la supervision pédagogique préfèrent présentement produire des rapports informels ou rédigés en termes si généraux qu'il est impossible, pour l'enseignant, d'utiliser ces données pour améliorer des aspects précis de sa pratique. D'ailleurs, l'aspect purement administratif y est souvent dominant.

En supervision synergique, l'entrevue qui suit la cueillette des données fournit l'occasion de nouer ou de consolider de bonnes relations de travail. Pour y arriver, rien de tel que de centrer les efforts d'analyse et de dialogue sur une tâche unique: l'amélioration professionnelle de deux personnes, l'une en supervision, l'autre en enseignement.

C'est l'étape la plus importante. Le superviseur et l'enseignant examinent ce qui a été observé de part et d'autre, ils reconstituent ce qui s'est passé et identifient ce qui a été noté. Par exemple, ils reviennent sur les objectifs du cours pour vérifier ce qui a été accompli, ce qui aurait pu l'être... Pour être plus efficace et plus rapide, cette analyse ou cette évaluation peut se faire à partir de types ou de modèles de comportements identifiés en classe et dont on évalue les effets sur l'atteinte des objectifs ou sur le cheminement des élèves.

Superviseur et personne supervisée présentent, lors de cette rencontre, leur perception de la situation. Chacun a l'occasion de vérifier et d'améliorer sa perception de ce qui s'est passé, de ce qui mérite d'être signalé comme point d'excellence ou comme point à améliorer, de ce qui doit être maintenu, transformé ou accentué, des ressources qui doivent être allouées ou transformées.

En principe, durant cette entrevue, on est en mesure de procéder à une analyse de situation et de besoins. En effet, on dispose d'une définition précise de ce qui était attendu (fruit de la première entrevue) et d'une description détaillée de ce qui s'est fait en classe (fruit de l'observation). La différence entre les deux, s'il y a différence, permet généralement de dire avec précision quelles sont les zones d'excellence et, s'il y a lieu, quels moyens utiliser pour améliorer les apprentissages des élèves, donc certains aspects de l'enseignement. La définition précise de ces aspects, et donc des besoins identifiés, rend d'autant plus facile et efficace une intervention appropriée. La personne supervisée est probablement celle qui peut en tirer la satisfaction la plus immédiate.

Idéalement, cette rencontre d'analyse devrait avoir lieu immédiatement après le cours et, si possible, dans la classe. Ainsi, le terrain de discussion est non menaçant et il rappelle directement l'objet d'observation: l'enseignement et l'apprentissage. De plus, sur le plan des attitudes, on élimine ainsi les effets négatifs possibles d'une rencontre dans les bureaux de l'administration.

On doit prévoir suffisamment de temps pour cette rencontre (de 10 à 20 minutes), d'autant plus qu'elle constitue le point culminant de l'interaction entre les deux personnes qui souhaitent profiter d'un enrichissement commun. La durée de la rencontre dépend évidemment d'un grand nombre de facteurs, y compris le degré de familiarité existant entre le superviseur et la personne supervisée. Au début du processus de supervision, il faudrait sans doute prévoir un peu plus de temps. Par la suite, les rencontres pourront graduellement devenir plus courtes.

Pour qu'une rencontre porte tous ses fruits, il faut structurer son déroulement. On évite ainsi les oublis et les pertes de temps pour en arriver à ce qui est le plus profitable pour les deux personnes engagées: l'analyse détaillée des faits retenus de part et d'autre.

L'objectif le plus difficile à rencontrer est que cette entrevue soit vraiment collégiale. Cet objectif rend nécessaire un partage des idées et des solutions au sujet de chacun des problèmes soulevés.

Par ailleurs, aucun effort ne doit être ménagé pour suivre le plan d'entrevue préétabli. Cependant, il est parfois nécessaire ou profitable de s'attarder sur certains aspects des résultats de l'observation susceptibles de mieux informer, surtout ceux qui concernent les réactions des élèves et la façon de les améliorer.

On doit y consacrer le temps utile, d'autant que cette rencontre permet souvent de discuter de priorités éducatives. On peut également y aborder le problème du perfectionnement du personnel à court, moyen et long termes. D'autres sujets peuvent être discutés à cette occasion: la place de l'élève dans l'école et dans la classe, le rapport entre les programmes et l'enseignement donné, le projet de l'établissement, les valeurs mises de l'avant, les besoins matériels les plus pressants, les modifications locales possibles et souhaitables, etc.

L'identification et l'évaluation des besoins en enseignement est un processus aller-retour: l'enseignant reçoit de l'aide de son superviseur et vice versa. Cette double action se produit également lors de la prévision des actions futures, quatrième étape de la démarche de supervision.

La mise au point d'un programme de perfectionnement

Les deux personnes engagées dans la démarche planifient ensemble les actions ultérieures de supervision ou de perfectionnement. La rétroaction consécutive à l'observation sert de guide pour orienter, s'il y a lieu, les changements ou les améliorations à apporter chez l'une ou l'autre des personnes. Cette rétroaction joue, en supervision pédagogique synergique, le même rôle qu'en évaluation formative, sauf que les deux parties sont ici aussi engagées l'une que l'autre.

Par sa conception, le processus de supervision synergique suscite des améliorations tant dans la démarche de supervision elle-même que dans la pratique didactique de l'enseignant, ces deux éléments étant étroitement liés à la réussite de l'élève. Or, ces améliorations ne sont souvent possibles que si des interventions internes ou externes de perfectionnement se produisent, directement en rapport avec les besoins identifiés ou ressentis. On le comprendra facilement, les organismes scolaires qui se proposent de mettre au point des programmes efficaces de perfectionnement de leur personnel doivent envisager des programmes qui s'harmonisent autant que possible avec la forme de supervision qui s'exerce en classe. Ils doivent tenir compte des besoins spécifiques d'une supervision qui devient de plus en plus interne, c'est-à-dire faite à l'école, par les gens de l'école.

De même, le perfectionnement pourra se faire en grande partie sur le tas grâce, notamment, à l'utilisation des ressources et des compétences du personnel de direction ou d'enseignement ou du personnel professionnel non enseignant. Ce perfectionnement répond à des besoins spécifiques, limités et même individuels. Il peut prendre la forme d'une brève intervention d'un conseiller régional, d'une aide ponctuelle d'un membre du personnel de l'école ou d'une recherche à deux de solutions disponibles dans le milieu. En somme, si le problème a été défini en synergie, on peut également lui trouver une solution en synergie.

Une démarche de supervision ou de perfectionnement aura le plus de chances possible de réussir si l'on suit quelques règles. Voici celles qui se sont avérées très utiles lors de diverses situations semblables d'innovation.

1re règle: Gagner l'adhésion de toutes les personnes éventuellement concernées par le projet.

2e règle: Prévoir une réalisation à long terme et ne pas presser les choses.

3e règle: Générer des actions concrètes, d'abord sur une petite échelle, puis sur une échelle de plus en plus importante, selon l'évolution de la démarche et les succès remportés.

CONCLUSION

Le type de supervision que nous préconisons ne fait pas la chasse aux enseignants ni aux directeurs «en difficulté». Au contraire, il faut permettre à toutes ces personnes d'exploiter leurs forces, de se faire valoir, d'améliorer la formation et le succès des élèves. Plutôt que de concevoir un système contrôlant les quelques personnes qui ne seraient pas intéressées à s'améliorer, mieux vaut élaborer une stratégie de supervision pour l'ensemble, donc pour des gens que leur profession intéresse et qui souhaitent y œuvrer dans l'excellence.

FIGURE 5.3 Les phases du processus de supervision pédagogique

I L'ENTREVUE PRÉPARATOIRE

1a	**1b**	**1c**
Identification conjointe des caractéristiques du groupe-classe :	Identification conjointe de l'objectif de supervision visant l'enseignant ou l'élève :	Choix ou construction de l'instrument de cueillette des données :

1a
- contexte d'apprentissage ;
- caractéristiques des élèves et de la classe ;
- objectifs d'enseignement et d'apprentissage ;
- modes et techniques d'évaluation des apprentissages ;
- stratégie d'enseignement ;
- modes d'organisation et de gestion ;
- matériel didactique.

1b
- comportement ;
- habileté ;
- action ;
- activité ;
- autres.

1c
- identification des rôles réciproques de chacun ;
- identification de l'heure, de la durée et des modalités de la période de cueillette de données ;
- identification du moment et de l'endroit de l'entrevue d'analyse et d'interprétation des résultats.

II L'OBSERVATION

OBSERVATION DU PROCESSUS ENSEIGNEMENT–APPRENTISSAGE :

Cueillette des données

III L'ENTREVUE D'ANALYSE

DESCRIPTION DES RÉSULTATS

Le superviseur fait la description des résultats obtenus concernant l'objectif de supervision pédagogique, sans porter de jugement.

ANALYSE ET INTERPRÉTATION DES RÉSULTATS

L'enseignant et le superviseur examinent ensemble les données recueillies par le superviseur et replacent ce qui a été noté dans le contexte spécifique de l'objet de supervision. Finalement, ils font le bilan de l'expérience et, de façon conjointe, une appréciation du degré de réussite de la démarche.

IV LE PROGRAMME DE PERFECTIONNEMENT

PERFECTIONNEMENT

Amélioration ou acquisition de connaissances et d'habiletés en vue d'optimiser l'efficacité des mises en situation d'enseignement-apprentissage et le taux de réussite scolaire.

MISE AU POINT D'UN PROGRAMME DE PERFECTIONNEMENT

Les deux personnes engagées planifient ensemble les actions ultérieures de supervision et de perfectionnement. La rétroaction consécutive à l'entrevue d'analyse et d'interprétation des données sert de guide pour orienter, s'il y a lieu, les changements ou les améliorations convenues par le superviseur et la personne supervisée.

EXERCICES

1. À votre avis, quels sont les avantages et les inconvénients de ne faire porter la supervision synergique que sur les points forts des personnes ou des actions?

2. Quels sont les avantages et les inconvénients de donner la priorité à ce qui se passe en classe?

3. Quelles conditions exigeriez-vous de la personne avec laquelle vous feriez de la supervision:
   - en tant que personne supervisée?
   - en tant que personne qui supervise?

4. Décrivez les quatre étapes de la supervision synergique.

5. Énumérez des conditions nécessaires pour une supervision synergique réussie.

6. En milieu scolaire québécois, pourquoi faut-il implanter très graduellement toute forme de supervision pédagogique?

7. Pourquoi dit-on que la supervision synergique est une démarche cyclique?

BIBLIOGRAPHIE

ARCHIER, G. et H. SÉRIEYX *Pilote du 3ᵉ type*, Seuil, Paris, 1986.

ASSOCIATION CANADIENNE D'ÉDUCATION *La prise de décision en éducation*, Association canadienne d'éducation, Toronto, 1978.

BARNABÉ, C. et H.C. GIRARD *Administration scolaire: théorie et pratique*, Gaëtan Morin éditeur, Chicoutimi, 1987.

BELLON, J.J. et E.C. BELLON *Classroom supervision and instructional improvement: a synergetic process*, 2nd ed., Kendall/Hunt Publ. Co., Dubuque, 1982.

BELLON, J.J., E.C. BELLON et J.R. HANDLER *Instructional improvement: principles and processes*, Kendall/Hunt Publ. Co., Dubuque, 1973.

BELLON, J.J., R.E. EAKER, J.O. HUFFMAN et R.V. JONES *Classroom supervision and instructional improvement: a synergetic process*, Kendall/Hunt Publ. Co., Dubuque, 1978.

BLOOM, B.S. *Caractéristiques individuelles et apprentissages scolaires*, Labor, Bruxelles, 1976.

BOUCHARD-GUILBEAULT, F. *Supervision individuelle: théorie et application*, rapport de recherche, Université du Québec à Trois-Rivières, Trois-Rivières, 1984.

COGAN, M. L. *Clinical supervision*, Houghton Mifflin, Boston, 1973.

GOLDHAMMER, R., R. ANDERSON et R. KRAJEWSKI *Clinical supervision: special methods for the supervision of teachers*, 2nd ed., Holt, Rinehart and Winston, Montréal, 1980.

GOUPIL, G. *Observer en classe*, Behaviora, Brossard, 1985.

HENRY, J. *et al. La supervision pédagogique*, Association des institutions d'enseignement secondaire, Collection organisation pédagogique, Montréal, 1986.

HOUDE, E., *Émotivité et efficacité au travail*, Les Éditions de l'Homme, Montréal, 1982.

LAURIN, P., L. GIRARD et R.-A. POULIOT *Supervision pédagogique: une relation d'aide*, Ministère de l'Éducation, DGR, Montréal, 1986.

LEFEBVRE, G. *Le cœur à l'ouvrage*, Les Éditions de l'Homme, Montréal, 1982.

LEITHWOOD, K.A. et D.J. MONTGOMERY *Improving principal effectiveness: the principal profile*, The Ontario Institute for Studies in Education, Toronto, 1986.

MANGIERI, J. N. et J.W. ARNN « Excellent schools : the leadership functions of principals », *American Education*, vol. 21, n° 3, 1986.

MORISSETTE, D. *La mesure et l'évaluation en enseignement*, Presses de l'Université Laval, Québec, 1984.

MORISSETTE, D., L. GIRARD, E. McLEAN, M. PARENT et P. LAURIN *Un enseignement de qualité par la supervision synergique*, Presses de l'Université du Québec, Québec, 1990.

PAQUETTE, C. *Vers une pratique de la supervision interactionnelle*, Interaction/Éditions, Chesterville, 1986.

SERGIOVANNI, T. J. (dir.) *Supervision of teaching*, Association for Supervision and Curriculum Development, Alexandria (Virg.), 1982.

SQUIRES, D.A., W.G. HUITT et J.K. SEGARS *Effective schools and classrooms : a research-based perspective*, Association for Supervision and Curriculum Development, Alexandria (Virg.), 1984.

STAATS, A.W. *Behaviorisme social* (traduit par A. Leduc, R. Beausoleil et C. Caron), Behaviora, Brossard, 1986.

TOUSIGNANT, L. *L'évaluation formative des enseignants*, rapport de recherche, Université du Québec à Trois-Rivières, Trois-Rivières, 1987.

SIXIÈME CONDITION
Une intervention pédagogique efficace

FIGURE 6.1 Modèle intégrateur des facteurs de formation et de réussite dans les apprentissages scolaires

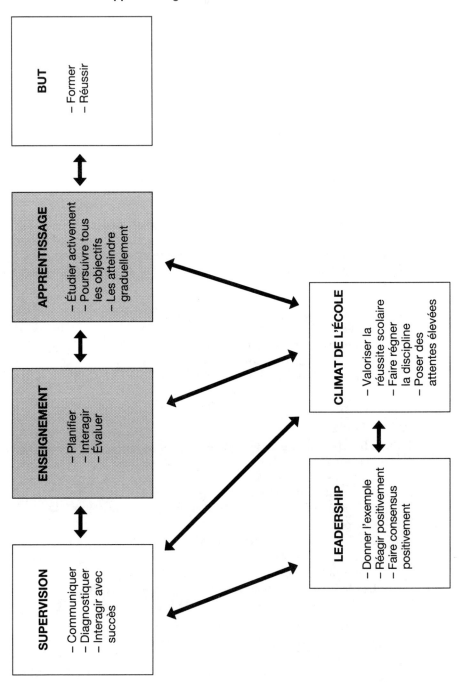

INTRODUCTION

Le modèle d'école présenté au premier chapitre suggère un système dans lequel cinq composantes sont susceptibles d'influencer directement ou indirectement le succès scolaire des élèves. Ces composantes sont le leadership, le climat de l'école, la supervision, le comportement des enseignants et le comportement des élèves.

Les chapitres suivants ont discuté abondamment de l'importance de la supervision pédagogique dans le contexte d'un système tel que l'école. Le présent modèle de supervision pédagogique, dans son sens propre, s'inscrit dans l'ensemble plus limité des activités orientées directement vers l'aménagement de l'enseignement et des actes pédagogiques, en conformité avec le projet et les orientations de chaque établissement.

Plus spécifiquement, au cours du présent chapitre, notre propos portera davantage sur la supervision pédagogique des deux principales composantes du processus d'enseignement-apprentissage, soit les **comportements de l'enseignant** et les **comportements de l'élève** susceptibles d'influencer le succès scolaire, sans pour autant négliger les autres composantes.

Dans son intervention pédagogique, l'enseignant dispose, entre autres, de trois moyens d'action particulièrement efficaces. Ce sont la **planification**, l'**enseignement** et l'**évaluation des apprentissages**. Dans ce chapitre, nous concentrerons notre attention sur les facteurs interactifs associés au processus d'enseignement-apprentissage. Nous préférons ici parler de « supervision de l'intervention » plutôt que de « supervision de l'enseignement » car, selon nous, cette expression illustre mieux l'indissociabilité des comportements de l'enseignant et de ses élèves.

Nous résumons brièvement dans ce chapitre les résultats de la recherche en éducation portant sur l'efficacité de l'enseignement et sur les composantes du processus d'enseignement-apprentissage les plus susceptibles d'influencer les gains ou les succès des élèves.

LA SUPERVISION PÉDAGOGIQUE

La pratique contemporaine de la supervision s'inscrit dans un courant où les superviseurs et les participants sont invités à jouer un rôle dominant dans l'amélioration de la qualité des situations d'apprentissage offertes aux élèves et le succès scolaire. Vouloir démocratiser le processus de supervision nécessite, entre autres mesures, que les deux parties s'engagent concrètement dans la remise en question de leurs actes professionnels respectifs. Elles peuvent ainsi participer activement à leur amélioration.

La supervision pédagogique vise plus précisément la création et l'amélioration des composantes internes de la situation d'enseignement-apprentissage, entre autres :

— les programmes et les contenus de cours ;
— les stratégies et les styles d'enseignement ;
— les habiletés d'enseignement ;
— les modes d'organisation et de gestion de groupes ;
— les techniques d'évaluation des apprentissages ;
— les habiletés d'enseignement ;
— les caractéristiques et les styles d'apprentissage des élèves ;
— le réajustement des objectifs et des contenus des programmes.

Les conséquences de ce qui se passe en classe sur le succès scolaire sont reconnues importantes depuis longtemps. Malgré cela, les superviseurs considèrent encore l'incitation à améliorer les conditions d'enseignement-apprentissage en classe comme un souci théorique plutôt que comme un besoin réel.

Cette situation est compréhensible, les autorités s'étant limitées ou ayant été contraintes, de façon générale, à introduire des conditions assurant d'abord la réalisation d'activités éducatives dans leurs établissements. Le rôle de la supervision pédagogique a dû se réduire à l'implantation des principales conditions humaines, administratives, matérielles et didactiques nécessaires à la simple exécution des activités prévues aux programmes.

Pour ce qui concerne l'acte d'enseignement proprement dit, on peut supposer que plus un enseignant reçoit d'informations relatives à l'efficacité des situations d'apprentissage proposées, plus il possédera de moyens pour améliorer la qualité de son intervention. Sous cet angle, la supervision pédagogique a pour conséquence une prise de conscience, par l'enseignant, de ses comportements forts. Cela ne peut avoir que des effets positifs sur son concept de soi, sa motivation, la qualité de son intervention pédagogique et, finalement, sur le succès scolaire de ses élèves.

L'INTERVENTION PÉDAGOGIQUE

Lors du processus d'enseignement-apprentissage, les enseignants assument de nombreuses tâches en vue d'offrir aux élèves des conditions d'apprentissage optimales.

Parmi ces tâches, on trouve des activités de toutes sortes qui portent sur plusieurs aspects de la vie en classe:

- explication des notions;
- création et maintien de l'attention;
- orientation du travail;
- rétroaction et renforcement;
- maintien de la discipline;
- démonstration des règles et des applications;
- planification et évaluation des apprentissages.

Si «enseigner» comprend tout ce que fait l'enseignant, alors l'«enseignement» consiste en une multitude d'activités de nature pédagogique.

L'intervention pédagogique peut être définie comme un **processus social** enchevêtré de façon inextricable à l'apprentissage. Certaines de ses caractéristiques générales peuvent être étudiées isolément. Au centre de ce processus, on trouve les enseignants et les élèves: qui ils sont, ce qu'ils font, quels sont les contenus autour desquels gravitent la myriade des objectifs pédagogiques. Voilà autant de questions auxquelles il faut répondre.

Parmi tous les actes pédagogiques qui constituent la situation d'enseignement-apprentissage, la recherche contemporaine souligne l'importance d'un certain nombre d'attitudes, d'actions, d'activités, d'aptitudes et d'habiletés pédagogiques susceptibles d'améliorer qualitativement et quantitativement les apprentissages des élèves.

L'étude et l'identification des variables d'un phénomène aussi complexe que celui de l'intervention pédagogique a conduit plusieurs chercheurs à construire des modèles qui regroupent les composantes sur trois niveaux: la **planification**, l'**interaction** et l'**évaluation** des apprentissages.

Nous avons opté pour un modèle qui identifie cinq grandes catégories de composantes associées au processus global d'intervention pédagogique en milieu scolaire (Brunelle *et al.*, 1988, adapté de Dunkin et Biddle, 1974). Les voici.

Les trois catégories de composantes associées à la planification

Les **composantes de présage** sont, en quelque sorte, les diverses caractéristiques de l'intervenant et des élèves. Elles sont retenues en raison de leur influence possible sur le processus d'enseignement-apprentissage qui se déroule en classe:

- préparation professionnelle et expérience des enseignants;
- styles d'apprentissage des enseignants et des élèves;
- caractéristiques des élèves telles que le niveau d'habileté initiale, l'intérêt, la motivation;
- autres.

Les **composantes de contexte**, pour leur part, ont trait à l'ensemble des ressources matérielles, financières et humaines sur lesquelles s'appuient la réalisation et le déroulement du programme:

- ressources matérielles;
- ressources humaines: personnel de soutien;
- autres.

Les **composantes de programme** incluent l'ensemble des facteurs critiques qui permettent de caractériser le ou les documents qui constituent un programme donné:

- types d'objectifs;
- nature du contenu;
- directives pédagogiques (modes d'organisation, d'enseignement, d'évaluation);
- autres.

La catégorie des composantes associées à l'interaction

Les **composantes du processus** sont constituées de l'ensemble des comportements et des perceptions des enseignants et des élèves pendant leur interaction. Les aspects considérés sont:

- le temps d'engagement des élèves;
- le temps d'apprentissage des élèves;
- les occasions de répondre fournies aux élèves;
- le climat pédagogique de la classe;
- les stratégies d'enseignement et d'évaluation des apprentissages;
- les réactions du personnel enseignant aux réponses des élèves;
- les habiletés d'intervention et de rétroaction du personnel enseignant;
- autres.

La catégorie des composantes associées à l'évaluation

Les **composantes de produit** comprennent les diverses caractéristiques des élèves considérées comme des extrants du système école ou comme un produit de leur exposition au programme:

— gains en apprentissage reliés aux objectifs du programme;

— degré de satisfaction des élèves;

— autres.

LES ACTIVITÉS D'INTERVENTION PÉDAGOGIQUE

Les enseignants mènent une vie fort occupée. Au cours d'une seule journée, ils peuvent participer à plus de mille échanges interpersonnels avec des élèves (Jackson, 1968). Ils doivent constamment être à l'écoute et répondre aux besoins immédiats des élèves, ce qui leur laisse peu de temps pour penser à ce qu'ils font ou pour planifier ce qu'ils feront. Pour l'enseignant, il est très difficile de se faire une idée de la situation d'ensemble qui a cours dans sa classe alors qu'il est presque toujours absorbé par l'immédiat, les nombreuses activités que commande toute situation d'enseignement-apprentissage (Channon, 1970).

Les deux listes suivantes, de provenances différentes, énumèrent chacune à leur façon les tâches et les activités du personnel enseignant dans un établissement scolaire.

A) Le rapport de la CETEES, Commission d'étude de la tâche des enseignants et des enseignantes de l'élémentaire et du secondaire, du MEQ (1975), mentionne 36 tâches relevant directement de la compétence du personnel enseignant.

   1. Il dirige et assiste les élèves lors des travaux d'atelier, de laboratoire ou lors d'autres travaux et exercices pratiques.
   2. Il forme et anime des groupes de travail.
   3. Il rencontre individuellement les élèves, il les écoute, les conseille et leur apporte réconfort et empathie.
   4. Il présente aux élèves les objectifs comportementaux et discute avec eux des moyens à prendre pour les atteindre.
   5. Il fait de l'enseignement magistral.
   6. Il fait des expériences ou des démonstrations.
   7. Il prépare les sorties avec les élèves, il les accompagne et fait un retour sur ces sorties.

8. Il procède à l'évaluation de l'élève sous tous les aspects de son développement et de sa formation, il étudie ses comportements affectif, cognitif, moteur et social.

9. Il assiste les élèves lors de la présentation de films, de diaporamas, d'émissions de télévision ou de radio, ou de conférences.

10. Il prépare les thèmes de discussion, les débats, les tables rondes, les séminaires.

11. Il sélectionne, conçoit, fabrique ou fait le montage du matériel nécessaire aux différentes activités.

12. Il conçoit et rédige des exercices, des fiches de travail et des guides méthodologiques.

13. Il supervise l'évaluation des stages de travaux pratiques des élèves.

14. Il fait un retour sur les objectifs, les moyens et les instruments de mesure et il apporte les correctifs nécessaires, s'il y a lieu.

15. Il détermine et sélectionne les moyens nécessaires à la réalisation des objectifs de comportement désirés.

16. Il prépare des exposés pour ses activités éducatives.

17. Il rencontre les parents et fait le point, avec eux, sur l'apprentissage et la formation.

18. Il participe aux réunions fixées par la direction aux différents comités de l'école, il participe aux rencontres de niveaux, de cycles, de départements, de cellules-communautés, de probation, etc.

19. Il détermine et présente par écrit à la direction un programme et ses plans de cours.

20. Il élabore les critères d'évaluation des différentes activités éducatives.

21. Il suit l'évolution des stagiaires (élèves-maîtres) et celle des probationnistes.

22. Il fait l'analyse et la synthèse des rapports d'évaluation remplis avec les personnes concernées, en vue du classement des élèves.

23. Il range le matériel à la suite d'une activité d'apprentissage ou de formation et remet les lieux en ordre.

24. Il suit les cours de recyclage organisés dans le milieu ou il participe à des stages.

25. Il aide les élèves à s'habiller et les assiste, selon leurs besoins (maternelle, premier cycle de l'élémentaire).

26. Il surveille les élèves (études, récréation, temps de transition).

27. Il communique des directives et des renseignements aux élèves.

28. Il commande, au magasin de l'école, le matériel et les appareils nécessaires et il réserve les locaux.

29. Il fait la mise au point et l'entretien de l'équipement, de l'outillage et des instruments.

30. Il compile les résultats des différents types d'évaluation et remplit tout autre rapport exigé par l'école.
31. Il dactylographie certains documents pédagogiques, il les imprime et les assemble.
32. Il inventorie, fait les demandes d'achat et range le matériel.
33. Il organise les sorties ainsi que les stages de travaux pratiques.
34. Il participe à la préparation des prévisions budgétaires en fonction des exigences pédagogiques.
35. Il participe à la répartition des charges de travail selon la clientèle et le personnel.
36. Il accomplit toute autre tâche de même nature ou d'ordre général que commandent ses fonctions ou que demande la direction.

La réalisation efficace des tâches d'enseignement exige de l'enseignant des qualités personnelles et des habiletés d'intervention pédagogique qui lui permettent d'instaurer et d'offrir aux élèves des conditions d'apprentissage optimales. C'est ce dont nous discuterons maintenant.

B) Selon Hyman (1975), les principales tâches de l'enseignant se regroupent en trois grandes catégories: les comportements d'intervention, les comportements stratégiques et les comportements institutionnels (tableau 6.1).

L'ÉTUDE DE L'EFFICACITÉ DE L'INTERVENTION PÉDAGOGIQUE

L'étude de l'efficacité en enseignement n'est pas une mince tâche. En effet, si l'observation de ce qui se passe en classe est complexe, l'analyse et l'interprétation des données recueillies le sont bien davantage (Berliner et Tikunoff, 1976).

La recherche du bon enseignant

Pendant la première moitié du XXᵉ siècle, la recherche en enseignement a surtout tenté de cerner les traits et les caractéristiques des enseignants pouvant influencer les changements qui surviennent chez les élèves.

La description de ce qui se passe en classe

Au cours des années 1960, la recherche en enseignement s'est élargie à l'observation et à la description de ce qui se passe en classe. Ce courant

TABLEAU 6.1 Présentation des trois catégories de comportements d'intervention pédagogique, selon Hyman

Les comportements d'intervention...

correspondent à l'ensemble des actions de nature plus intellectuelle entreprises par l'intervenant et visant principalement l'apprentissage du contenu de la matière par les élèves.

1. Déduire
2. Induire
3. Conclure
4. Expliquer
5. Comparer
6. Définir
7. Justifier
8. Donner son opinion
9. Généraliser
10. Synthétiser
11. Orienter

Les comportements stratégiques...

comprennent l'ensemble des gestes posés en classe par l'intervenant dans la phase interactive du processus d'enseignement-apprentissage. Ces gestes ont pour objectif principal d'orienter le comportement des élèves.

1. Questionner
2. Démontrer
3. Motiver
4. Respecter
5. Évaluer
6. Mesurer
7. Renforcer
8. Conseiller
9. Valoriser
10. Planifier

③

Les comportements institutionnels...

se réfèrent à la définition des composantes de la tâche d'intervention dans un établissement donné.

1. Assister aux réunions du personnel
2. Prendre les présences
3. Surveiller les corridors
4. Faire des rapports
5. S'entretenir avec le superviseur

de recherche s'est intéressé particulièrement à l'étude du comportement de l'enseignant dans le processus d'enseignement-apprentissage.

Ce courant a progressivement donné lieu à des études de type corrélationnel qui ont tenté d'associer: a) des comportements observés chez les enseignants pendant leur intervention (variables de processus), b) diverses caractéristiques des enseignants et des élèves (variables de présages), c) des aspects de l'environnement (variables de contexte), et d) des changements chez l'élève (variables de produit) (Brunelle *et al.*, 1980).

Nous définissons la supervision comme un processus de relation d'aide visant l'amélioration ou l'apparition de comportements d'intervention pédagogique efficaces chez le personnel enseignant. Dans cette optique, il est important autant pour le superviseur que pour l'enseignant de dresser une liste des comportements d'enseignement considérés comme efficaces. Une telle liste devrait permettre de choisir avec précision les objets d'une supervision éventuelle ainsi que les moyens d'évaluer leur degré de qualité.

De nombreux superviseurs et enseignants sont d'avis qu'aucune définition de l'enseignement efficace ne peut être généralisée. Nous respectons leur point de vue. Cependant, l'expérience suggère qu'il est possible, en collégialité, de déterminer des comportements efficaces d'enseignement et de convenir d'une ou de plusieurs définitions pouvant guider le processus de supervision pédagogique.

En règle générale, les éducateurs s'entendent facilement pour faire la différence entre un comportement efficace et un comportement inefficace. S'il y a discordance d'opinion, c'est ordinairement sur l'importance relative de chacun des comportements.

L'observation du comportement de l'enseignant

L'élaboration d'une liste personnelle de comportements efficaces d'enseignement peut être facilitée par les conclusions d'études menées par plusieurs chercheurs dans ce domaine.

Voici une liste de comportements d'intervention pédagogique considérés comme efficaces par des superviseurs, lors d'un atelier de travail.

– Il entretient des interrelations positives avec les élèves.

– Il prend en considération les émotions des élèves.

– Il exerce un bon contrôle de la discipline.

– Il crée des mises en situation d'apprentissage favorables.

– Il aime travailler avec les élèves.

- Il est capable d'engager les élèves dans des tâches d'apprentissage significatives.
- Il est créatif et innovateur.
- Il met l'accent sur l'enseignement des habiletés de lecture.
- Il aide les élèves à développer une image positive d'eux-mêmes.
- Il s'engage dans des activités de croissance professionnelle.
- Il maîtrise à fond la matière qu'il enseigne.
- Il est flexible.
- Il est cohérent.
- Il fait preuve d'un grand sens de l'équité.

Ryans (1960) propose d'autres indicateurs d'efficacité de l'enseignant :

- il est chaleureux et compréhensif, plutôt que froid et indifférent ;
- il est organisé et structuré, plutôt que non organisé et non structuré ;
- il est créatif et stimulant, plutôt qu'ennuyeux et routinier.

Flanders (1970) définit des indicateurs liés au style d'enseignement :

a) L'influence indirecte :
- l'enseignant pose des questions ;
- il accepte les sentiments des élèves ;
- il prend en considération les idées des élèves ;
- il valorise et encourage les élèves.

b) L'influence directe :
- l'enseignant expose ;
- il donne des directives ;
- il justifie l'autorité ou critique.

Pour Rosenshine et Furst (1971), l'enseignant :

- est enthousiaste ;
- favorise un style d'enseignement direct, axé sur la tâche d'apprentissage ;
- explique clairement les objectifs et le contenu d'apprentissage ;
- utilise des méthodes et des stratégies d'enseignement variées ;
- propose des mises en situation où les élèves ont de nombreuses occasions de répondre.

Berliner et Tikunoff (1976) relèvent les indicateurs suivants :

- l'enseignant réagit ouvertement, verbalement ou non, aux attitudes et aux sentiments exprimés par les élèves ;
- il est attentif à tout ce que dit ou fait l'élève ;
- il dirige et sanctionne le travail et le comportement des élèves ;
- il maîtrise la matière et fait montre de confiance dans ses interventions ;
- il contrôle et évalue régulièrement les apprentissages des élèves et ajuste les objectifs et les contenus d'apprentissage en conséquence ;
- il manifeste des sentiments positifs et des comportements enthousiastes ;
- il est capable de percevoir les rythmes d'apprentissage individuels des élèves et d'y adapter son enseignement ;
- il favorise la prise en charge, par l'élève, de son propre apprentissage ;
- il est créatif et, à l'occasion, il utilise à des fins pédagogiques des événements imprévus survenant en classe.

Dans *La formation des maîtres* (1976), le MEQ définit ses indicateurs. Il s'agit de l'habileté à :

- adapter aux besoins des élèves, les modes d'organisation des activités de formation et d'apprentissage sur le double plan pédagogique et matériel, et à faire l'évaluation en tenant compte des différentes dynamiques des groupes d'élèves ;
- prévenir, à dépister et à corriger des difficultés mineures d'apprentissage des élèves ;
- appliquer la connaissance du processus et des modes d'apprentissage ;
- interpréter et à adapter, selon les besoins, les données et les courants de la pédagogie moderne en référence notamment à l'individualisation de l'enseignement, à l'ouverture de l'école au milieu, à l'exploitation des moyens et techniques d'enseignement sous l'éclairage des théories du changement en milieu scolaire ;
- analyser un programme d'étude, à rédiger une planification pédagogique ;
- adapter les méthodes d'enseignement des diverses disciplines en fonction des besoins des élèves et à en évaluer l'efficacité ;
- comprendre et à déceler les changements et les progrès, de même que les manifestations de différences ou d'inadaptations dans le développement général des élèves, pour orienter son action ;
- mesurer et à évaluer le rendement scolaire d'un élève et son développement aux points de vue physique, intellectuel, social, affectif, moral et religieux ;

- établir et à maintenir des relations positives avec les élèves, les parents, les collègues et les supérieurs, et à participer activement à l'amélioration de la vie de l'école.

Henney et Mortenson (1973) ont pour indicateurs l'habileté à:

- connaître le contenu d'une variété de méthodes et de stratégies d'enseignement;
- présenter des leçons et à échanger avec les élèves;
- diagnostiquer les erreurs des élèves et à questionner;
- créer une atmosphère d'apprentissage agréable;
- développer de bonnes relations interpersonnelles avec les élèves;
- accorder de l'attention aux élèves en respectant les rythmes individuels d'apprentissage;
- favoriser l'expression de la pensée chez l'élève;
- faire acquérir à l'élève une démarche personnelle de travail.

Les indicateurs de Allen et Ryan (1972) consistent en l'habileté à:

- varier les stimuli;
- sensibiliser au problème à traiter;
- récapituler et à intégrer les connaissances;
- recourir au silence et aux directives verbales;
- renforcer les comportements des élèves;
- poser des questions variées;
- enchaîner les questions;
- comprendre et à interpréter les questions des élèves;
- recourir aux images et aux exemples;
- recourir à des stratégies variées d'enseignement;
- susciter la communication.

Acheson et Gall (1980) relèvent d'autres indicateurs. Ce sont l'habileté à:

- poser des questions de niveau cognitif élevé, plutôt que bas;
- donner à l'élève le temps nécessaire pour répondre à une question;
- donner des indices pouvant aider l'élève à compléter une réponse incomplète;

– distribuer équitablement le travail de classe entre tous les élèves.

Rosenshine (1976), pour sa part, va jusqu'à définir des comportements spécifiques d'enseignement qui sont efficaces en lecture et en mathématiques.

L'enseignant:

– est responsable de l'organisation et de la structuration temporelle du processus d'enseignement-apprentissage;

– fait appel, dans le temps alloué à l'enseignement de la lecture et des mathématiques, à l'interaction verbale, aux livres et à divers documents de travail;

– planifie des mises en situation d'apprentissage dans lesquelles le matériel didactique proposé permet à chaque élève d'accomplir à son rythme les tâches d'apprentissage;

– répartit les élèves en petits groupes de travail qu'il supervise;

– utilise un style d'enseignement direct en dictant aux élèves les activités et les tâches d'apprentissage;

– pose des questions directes, qui ne commandent qu'une seule réponse;

– incite les élèves à répondre aux questions, même s'ils disent ne pas connaître cette réponse;

– renforce immédiatement l'élève qui répond correctement à une question;

– pose une nouvelle question à la suite d'une réponse correcte de la part d'un élève;

– donne la bonne réponse à une question à la suite d'une réponse incorrecte d'un élève.

L'observation du comportement de l'élève

Au cours des années 1970, deux groupes de chercheurs ont orienté la recherche en efficacité de l'enseignement vers l'étude du comportement de l'élève en situation d'apprentissage (Fisher, Berliner, Filby, Marliave, Cahen et Dishaw, 1981; Hall, Delquadry et Harris, 1977). Des résultats répétés les amenèrent respectivement à définir les notions de **temps d'apprentissage** (*Active Learning Time*) et d'**occasion de répondre** (*Opportunity to Respond*) comme étant les variables du processus d'enseignement-apprentissage les plus significatives par rapport aux gains d'apprentissage accomplis par les élèves.

« … le comportement de l'enseignant ou l'enseignante n'influence pas directement la réussite de l'élève. La non-directivité d'un enseignant ou d'une enseignante, les questions qu'il pose ou les renforcements qu'il donne ne débouchent pas automatiquement sur une plus grande réussite en mathématiques, en lecture ou en sciences. Le lien qui doit être considéré est le comportement de l'étudiant ou de l'étudiante dans la mise en situation qui lui est offerte. Nous sommes maintenant persuadés que le lien médiateur si nécessaire à considérer est le temps que l'étudiant ou l'étudiante consacre activement à accomplir une tâche. » (Berliner, 1976, cité dans Brunelle *et al.*, 1980)

Le **temps d'apprentissage** peut être défini comme la portion de la phase du processus d'enseignement-apprentissage pendant laquelle l'élève accomplit des activités significatives, en relation avec les objectifs et le contenu de la matière enseignée, qu'il réussit de façon satisfaisante.

Plus un élève accumule de temps d'apprentissage, plus il est probable qu'il fasse des gains à ce chapitre (Borg, 1979). Cette affirmation est corroborée et précisée par d'autres chercheurs :

« … l'élément fondamental qui a attiré notre attention dans les foyers et dans les classes des centre-villes n'est pas le manque de motivation, ni les lacunes en relation avec le programme. Il semble plutôt que le facteur majeur qui pourrait expliquer les faibles gains en apprentissage soit le manque d'occasions pour les enfants de fournir des réponses qui s'inscrivent dans un processus d'apprentissage. » (Hall *et al.*, 1977, cité dans Brunelle *et al.*, 1980)

En résumé, les résultats obtenus par les deux groupes de recherche cités indiquent clairement que les notions de **temps d'apprentissage** et d'**occasion de répondre** associées au comportement de l'élève constituent en fait les facteurs les plus importants à considérer dans la poursuite et l'atteinte du succès scolaire.

Les composantes du temps d'apprentissage

La notion de temps d'apprentissage comprend quatre composantes (voir figure 6.2). Ce sont : les activités préparatoires, les activités d'apprentissage du groupe-classe, l'engagement cognitif, socioaffectif ou psychomoteur de l'élève et le degré de réussite dans l'engagement. Voici maintenant une brève description de chacune d'elles.

1. Les **activités préparatoires** à l'apprentissage correspondent à l'ensemble des événements et des moments lors desquels les élèves du

groupe-classe participent à des activités de mise en situation des conditions d'apprentissage :

- attente ;
- transition ;
- organisation ;
- repos ;
- traitement de sujets personnels.

2. Les **activités d'apprentissage du groupe-classe** correspondent aux moments où les élèves sont dans des situations directement liées à l'apprentissage de la matière qui fait l'objet de la leçon :

   - toutes les activités visant l'acquisition de connaissances et d'habiletés essentielles aux apprentissages prévus dans une situation donnée ;
   - toutes les mises en situation visant des apprentissages d'ordre cognitif, socioaffectif ou psychomoteur.

3. L'**engagement cognitif, socioaffectif ou psychomoteur** de l'élève correspond au laps de temps où il participe à l'accomplissement de tâches d'apprentissage faisant l'objet des activités d'études du groupe-classe :

   - il écoute attentivement ;
   - il effectue une tâche individuelle (écriture, calcul, lecture, etc.) ;
   - il participe à un travail de groupe ;
   - il aide un autre élève ;
   - autres.

4. Le **degré de réussite dans l'engagement** correspond à la proportion du temps d'engagement pendant laquelle l'élève réalise de façon satisfaisante les objectifs d'apprentissage visés par les tâches qu'il accomplit.

Description générale du système d'évaluation du temps d'apprentissage

Le calcul du temps d'apprentissage s'effectue généralement en trois étapes (voir figure 6.2) ou en trois niveaux décisionnels.

Premier niveau

La première décision consiste à déterminer si le groupe-classe est en situation préparatoire à l'apprentissage ou en situation d'apprentissage proprement dit. Le pourcentage de temps passé par le groupe-classe en situation d'apprentissage constitue la première composante du temps d'apprentissage. Comme l'illustre la figure 6.2, le fait d'être en classe ne signifie pas que les activités d'apprentissage ont cours. Par exemple, la figure 6.3 illustre un cas où 35 des 50 minutes de présence en classe sont allouées

FIGURE 6.2 Illustration des composantes fondamentales du temps d'apprentissage

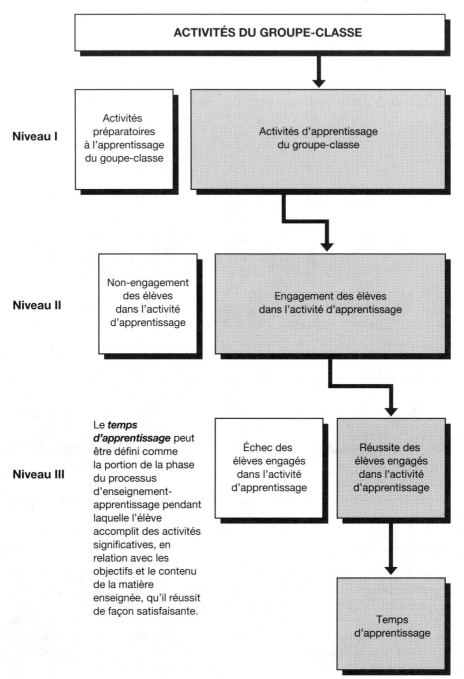

FIGURE 6.3 Exemple de la réduction du temps d'apprentissage par rapport au temps prévu en éducation physique

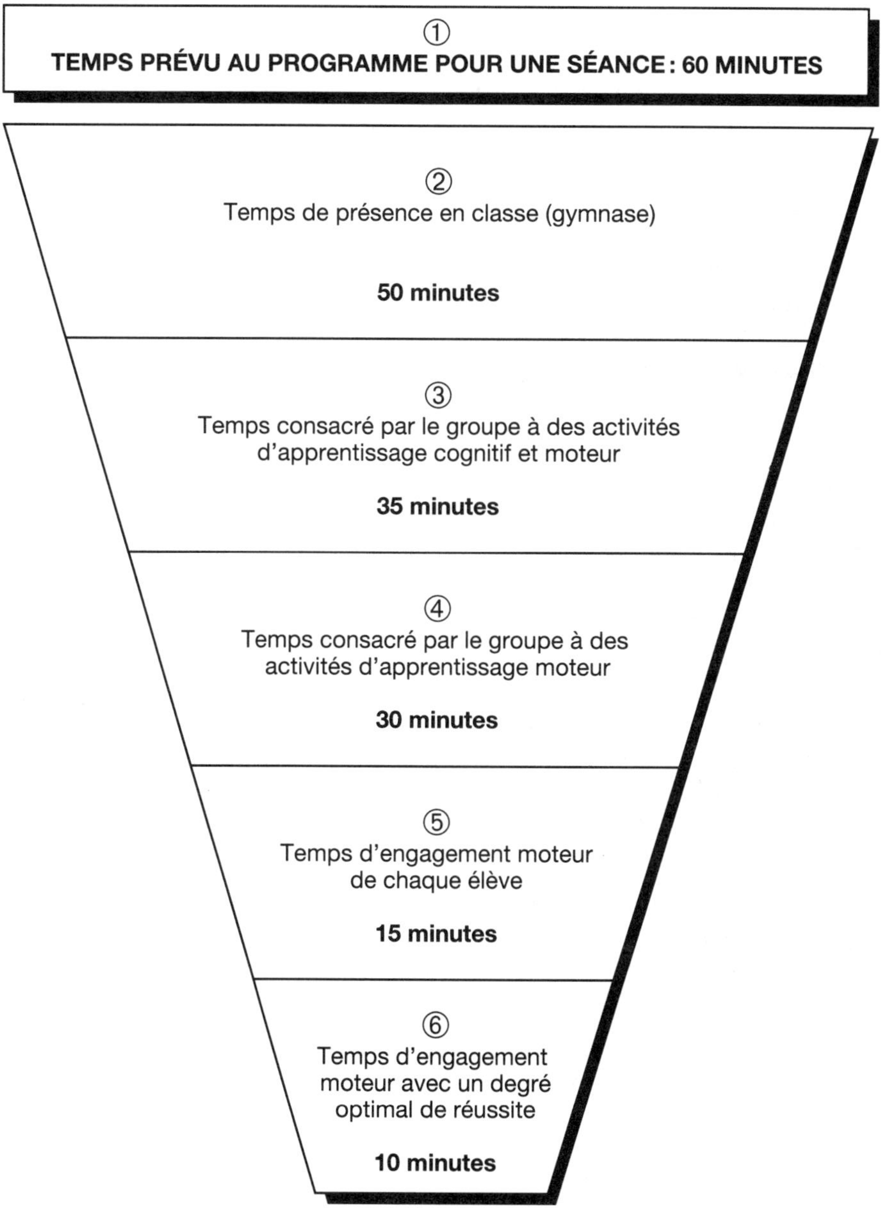

① **TEMPS PRÉVU AU PROGRAMME POUR UNE SÉANCE : 60 MINUTES**

②
Temps de présence en classe (gymnase)

50 minutes

③
Temps consacré par le groupe à des activités d'apprentissage cognitif et moteur

35 minutes

④
Temps consacré par le groupe à des activités d'apprentissage moteur

30 minutes

⑤
Temps d'engagement moteur de chaque élève

15 minutes

⑥
Temps d'engagement moteur avec un degré optimal de réussite

10 minutes

N.B. Les données hypothétiques de cette figure reposent sur les résultats moyens de diverses études.

Source : Brunelle *et al.* (1988)

à l'apprentissage proprement dit, tandis que le temps prévu à l'horaire est de 60 minutes.

Deuxième niveau

La deuxième décision concerne le type d'engagement manifesté par les élèves pendant que le groupe-classe est en situation d'apprentissage proprement dit. Dans l'exemple donné à la figure 6.4, quatre catégories de comportements décrivent la nature de l'engagement, alors que trois catégories de comportements décrivent la nature du non-engagement.

La deuxième composante du temps d'apprentissage correspond au pourcentage de temps pendant lequel les élèves sont engagés dans l'accomplissement de tâches en rapport avec les objectifs de la leçon, alors que le groupe-classe est en situation d'apprentissage.

Troisième niveau

La troisième décision consiste à porter un jugement sur le niveau ou le degré de réussite des élèves engagés dans la réalisation de tâches liées aux objectifs de la leçon. Dans l'exemple de la figure 6.4, nous utilisons une échelle d'appréciation à trois degrés d'intensité, le plus bas indiquant que l'attention, la concentration ou les capacités préalables des élèves sont insuffisantes pour que les objectifs immédiats soient atteints.

Le temps d'apprentissage est donc le résultat du produit des trois composantes suivantes : le pourcentage de temps passé en situation d'apprentissage proprement dit par le groupe-classe ; le pourcentage de temps d'engagement des élèves alors que le groupe-classe est en situation d'apprentissage ; le taux ou le pourcentage de réussite des élèves engagés dans une situation d'apprentissage.

Pour qu'une durée soit comptabilisée comme temps d'apprentissage, le groupe-classe doit être en situation d'apprentissage, l'élève observé doit être engagé dans une tâche d'apprentissage et il doit la réussir de façon satisfaisante (voir Brunelle *et al.*, 1980).

Dans cette optique, le rôle de l'enseignant consiste, en fonction des objectifs d'apprentissage visés, à instaurer les conditions d'apprentissage les meilleures et à offrir aux élèves de nombreuses occasions d'effectuer des tâches de niveaux de difficulté appropriés, dans une ambiance de travail valorisante.

L'originalité de notre approche repose sur le postulat que **l'élève lui-même est directement responsable de son apprentissage**. En effet, personne ne peut apprendre pour quelqu'un d'autre. En d'autres termes, on ne peut apprendre par personne interposée.

FIGURE 6.4 Illustration des activités du groupe-classe, des types d'engagement des participants et des niveaux de réussite pouvant se traduire en temps d'apprentissage

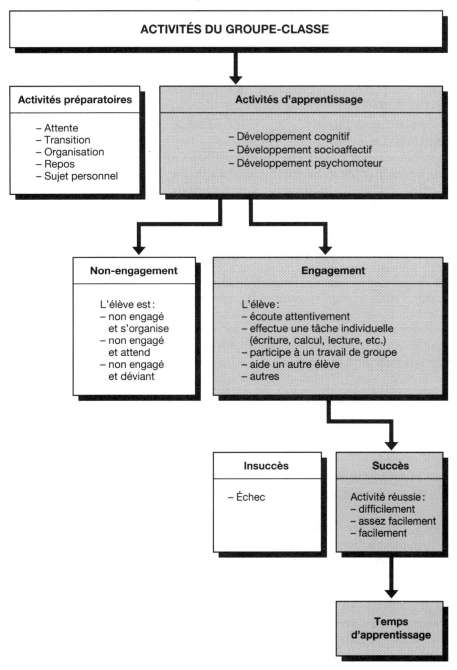

Toutefois, si l'enseignant ne produit pas directement l'apprentissage, son influence est très importante. D'autant plus que le temps d'apprentissage dépend souvent de son habileté à structurer et à animer les situations qui sont proposées en classe, de même qu'à évaluer les résultats qu'elles produisent.

Nous croyons que l'habileté de l'enseignant à organiser systématiquement l'environnement et à créer pour l'élève les conditions optimales d'apprentissage a une incidence capitale sur la qualité et la quantité des apprentissages de l'élève.

Ainsi, dans l'exercice des principales fonctions pédagogiques que constituent la planification, l'enseignement et l'évaluation des apprentissages, l'enseignant doit créer les conditions environnementales les plus favorables à l'obtention d'une durée maximale de temps d'apprentissage et offrir aux élèves de nombreuses occasions de répondre avec succès, dans un climat pédagogique positif.

L'AMÉLIORATION DE L'ENSEIGNEMENT

Notre modèle de supervision pédagogique suggère une stratégie d'amélioration de l'enseignement par laquelle le superviseur amène graduellement l'enseignant à connaître les comportements pédagogiques efficaces, soit ceux qui sont associés aux gains en apprentissage et à la réussite scolaire, et à favoriser leur apparition.

La stratégie proposée vise essentiellement l'obtention d'un temps optimal d'apprentissage par l'amélioration des comportements nécessaires à la réalisation de la planification, de l'enseignement et de l'évaluation des apprentissages. La figure 6.5 illustre cette dynamique.

Les sous-systèmes et les principaux agents d'un système d'éducation

Tous les systèmes d'éducation, et leurs sous-systèmes, ont comme finalité la réussite scolaire des élèves. Le degré de réussite quant à cet objectif dépend directement du bon fonctionnement du système, dans son ensemble et à chacun de ses niveaux: le ministère de l'Éducation, les bureaux régionaux du Ministère, les commissions scolaires et les écoles. Le degré de réussite dépend également de la concertation des efforts des personnes concernées aux divers paliers du système, soit les fonctionnaires, le personnel de direction d'école, le corps enseignant et, finalement, les élèves.

FIGURE 6.5 Illustration des interactions entre les comportements, les actions et les activités des enseignants et ceux des élèves associés aux trois grands secteurs d'intervention pédagogique responsables de la production du temps d'apprentissage

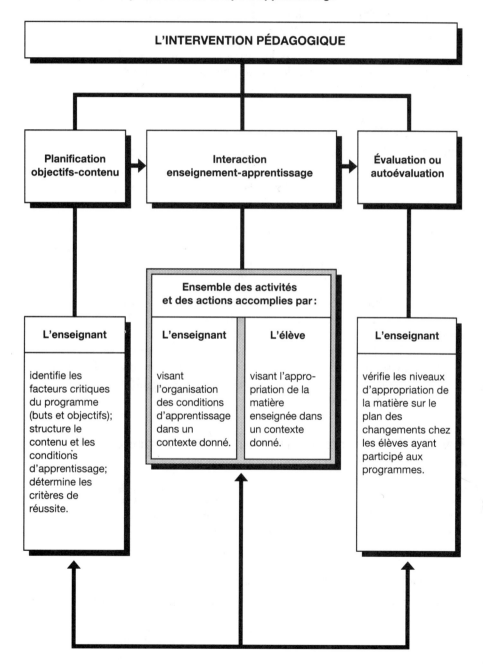

En postulant que nul ne peut apprendre par personne interposée, nous avons présenté l'élève comme directement responsable de ses gains en apprentissage. Cependant, il incombe à d'autres personnes, notamment le directeur et l'enseignant, de prendre les moyens les plus efficaces pour aider l'élève à s'approprier les contenus des programmes, à réussir et ainsi à acquérir une bonne formation.

La figure 6.6 illustre, sous la forme d'une pyramide hiérarchisée, les principaux sous-systèmes et les personnes les plus directement reliés aux gains en apprentissage et au succès scolaire des élèves.

Le réseau d'influence des comportements des principaux agents d'éducation et sous-systèmes de l'école

Qui sont ces agents d'éducation? Par ordre d'importance, il s'agit: 1) de l'élève, 2) de l'enseignant, et 3) du directeur d'école.

Or, cet ordre d'importance découle notamment des interrelations qui existent à la fois entre les comportements de ces agents et entre les tâches qui incombent à chacun (apprentissage, enseignement et supervision) par rapport à la réussite scolaire (voir figure 6.7).

En effet, d'une part, le comportement du superviseur a une influence directe sur celui de l'enseignant, qui a lui-même une influence directe sur celui de l'élève dont dépendent directement les gains en apprentissage et le niveau de réussite scolaire. D'autre part, le processus de supervision n'influence qu'indirectement le temps d'engagement ou le temps d'apprentissage de l'élève et l'enseignement n'influence qu'indirectement les gains en apprentissage de l'élève.

Les habiletés d'intervention associées à la production de temps d'apprentissage

En s'inspirant des études d'envergure (Brunelle, 1979) on définit 12 habiletés d'intervention pédagogique en relation avec des conditions valables d'apprentissage. Ces habiletés sont les suivantes:

1. La capacité d'expliquer des tâches de façon claire et concise.

2. La capacité de donner des consignes d'organisation claires et concises.

3. La capacité d'offrir des mises en situation qui invitent à la participation.

4. La capacité de poser aux élèves des questions appropriées.

FIGURE 6.6 Hiérarchie des influences d'un système, de ses sous-systèmes et des principaux agents d'éducation sur la réussite scolaire

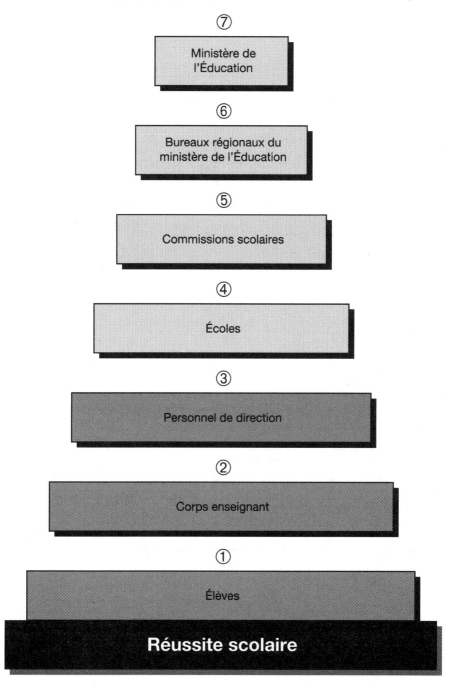

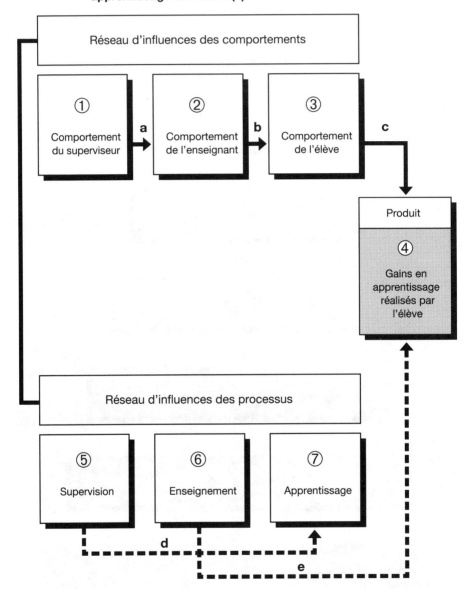

Les flèches a, b et c sont pleines pour indiquer l'existence de relations directes entre les variables 1 et 2, 2 et 3, 3 et 4 ; tandis qu'au niveau des processus, les flèches pointillées d et e indiquent des relations indirectes entre, d'une part, le processus de supervision (5) et le processus d'apprentissage (temps d'apprentissage) (7) et, d'autre part, entre le processus d'enseignement (6) et les gains en apprentissage de l'élève (4).

5. La capacité de réduire au minimum les temps de transition pendant la séance.

6. La capacité de détecter les premières manifestations d'un comportement inapproprié.

7. La capacité de créer une ambiance de travail positive et valorisante.

8. La capacité d'éviter le dénigrement d'un élève en présence des autres.

9. La capacité de faire participer les non-exécutants.

10. La capacité de contrôler l'apprentissage régulièrement.

11. La capacité de rétroagir de façon significative.

12. La capacité d'ajuster le degré de difficulté des tâches aux aptitudes des élèves.

Le climat pédagogique de la classe

Étant donné la nature élargie de leur rôle et la richesse de leur expérience dans le milieu, les directions d'écoles connaissent l'importance de créer et de maintenir un climat positif de travail dans leurs établissements, et particulièrement en classe. Le climat ou l'atmosphère de travail de la classe peut soit promouvoir, soit inhiber le processus d'enseignement-apprentissage et, par conséquent, le succès scolaire. Tout superviseur doit donc être capable d'évaluer la qualité du climat pédagogique d'une classe et, le cas échéant, d'aider les enseignants à l'améliorer.

Plusieurs éducateurs de renom tels que Corménius, Locke et Froebel, ont mis en évidence l'importance du climat pédagogique en classe. Cependant, ce n'est qu'au cours des 15 dernières années que la recherche s'est intéressée aux conséquences du climat pédagogique sur le personnel enseignant, sur les élèves et sur les gains en apprentissage. Les instruments de mesure qui permettent aux superviseurs d'évaluer ces conséquences sont d'apparition récente.

Très brièvement, les résultats de la recherche des 15 dernières années sur ce sujet indiquent qu'il est souhaitable et désirable que le processus d'enseignement-apprentissage se déroule dans un environnement positif et valorisant, que les enseignants y enseignent mieux et les élèves y apprennent davantage, et que les attitudes envers l'école s'améliorent à mesure que le climat pédagogique passe du négatif au positif.

Le climat pédagogique en classe peut être défini comme la nature et la somme des attitudes qui règlent les interrelations entre l'enseignant et ses élèves et entre les élèves eux-mêmes. Selon la nature, positive ou négative, des attitudes, des comportements d'approche ou d'évitement apparaîtront. Ils pourront favoriser ou inhiber le processus d'enseigne-ment-apprentissage et la réussite scolaire.

Un élève valorisé est un élève heureux, et un élève heureux apprend mieux. Donc, au-delà de ce qui a été discuté précédemment, il importe que l'enseignant rende attrayantes et stimulantes les mises en situation qu'il propose aux élèves. Les actions, les habiletés interpersonnelles, les activités et les stratégies qu'il déploie pour créer une ambiance de travail agréable dans la classe suscitent chez les élèves des attitudes positives. Ces attitudes se traduisent par une plus grande réceptivité, une motivation accrue et des efforts plus marqués au moment de s'approprier la matière.

La présence de l'enseignant en classe ne doit pas se limiter à la dimension somatique. Elle doit être totale, car l'enseignant représente la principale source de stimuli de l'élève. La gestion et l'animation des composantes de l'environnement ont une influence indirecte, mais très importante, sur le temps d'engagement et sur le niveau de réussite scolaire de l'élève.

Les habiletés d'intervention associées à la création d'un climat pédagogique valorisant

Durant la phase interactive de toute intervention pédagogique, l'apparition fréquente et appropriée des comportements suivants est très importante. (Brunelle *et al.*, 1988)

1. Réagir davantage face aux élèves qui en ont le plus besoin.
2. Faire en sorte que les élèves participent aux activités d'apprentissage.
3. Adapter le degré de difficulté des tâches aux capacités des élèves.
4. Indiquer les critères de réussite pour chaque mise en situation d'apprentissage.
5. Avoir des réactions qui véhiculent de l'information spécifique et positive.
6. Éviter que certains élèves ne monopolisent l'attention de l'enseignant.
7. Avoir recours, avec à-propos, au procédé d'extinction.
8. Utiliser des styles d'enseignement qui respectent les besoins des élèves.
9. Avoir un répertoire varié de réactions.
10. Amener les membres du groupe à devenir des agents de renforcement.

Trop peu d'enseignants utilisent de façon variée et pertinente la technique de la rétroaction, trop peu réagissent à la qualité des tâches accomplies, au degré de pertinence du comportement social des élèves, à leurs multiples succès, à leurs erreurs, à leurs comportements appropriés, inappropriés ou déviants.

RÉSUMÉ ET CONCLUSION

Dans ce chapitre, nous avons d'abord présenté une conception de l'intervention pédagogique et suggéré un grand nombre d'indices comportementaux associés de près au succès scolaire. Ces indices concernaient les enseignants et les élèves.

Dans un deuxième temps, nous avons exposé deux postulats issus de la recherche contemporaine en éducation. Le premier affirme que **l'élève est directement responsable des apprentissages qu'il fait.** Il suggère que son comportement en classe constitue le principal facteur de sa réussite scolaire. Le deuxième affirme que **les enseignants ont une influence directe sur les comportements des élèves** en classe.

Dans un troisième temps, nous avons mis en évidence deux facteurs intimement liés à la réussite scolaire: le **temps d'apprentissage** des élèves et le **climat pédagogique** du groupe-classe.

En décrivant les rôles respectifs des principaux acteurs du processus d'enseignement-apprentissage – les élèves et les enseignants – et en insistant sur leur importance, nous espérons faciliter la tâche des superviseurs en milieu scolaire et, ultimement, maintenir ou améliorer le taux de réussite scolaire des élèves.

EXERCICES

1. Aux fins de discussion et d'analyse, répartissez les 36 tâches d'enseignement du rapport de la CETEES énumérées ci-dessous dans l'une ou l'autre des catégories de la grille de classification de Hyman, 1, 2 ou 3. Chaque tâche appartient-elle aux comportements d'intervention (1), stratégiques (2) ou institutionnels (3)? Indiquez votre réponse entre parenthèses.

    1. (   ) Dirige et assiste les élèves lors des travaux d'atelier, de laboratoire ou lors d'autres travaux et exercices pratiques.
    2. (   ) Forme et anime des groupes de travail.
    3. (   ) Rencontre individuellement les élèves, les écoute, les conseille et leur apporte réconfort et compréhension.

4. ( ) Présente aux élèves les objectifs comportementaux et discute avec eux des moyens à prendre pour les atteindre.

5. ( ) Fait de l'enseignement magistral.

6. ( ) Fait des expériences ou des démonstrations.

7. ( ) Prépare les sorties avec les élèves, les accompagne et fait un retour sur ces sorties.

8. ( ) Procède à l'évaluation de l'élève sous tous les aspects de son développement et de sa formation, étudie ses comportements affectif, cognitif, moteur et social.

9. ( ) Assiste les élèves lors de la présentation de films, de diaporamas, d'émissions de télévision ou de radio, ou de conférences.

10. ( ) Prépare les thèmes de discussion, les débats, les tables rondes, les séminaires.

11. ( ) Sélectionne, conçoit, fabrique ou fait le montage du matériel nécessaire aux différentes activités.

12. ( ) Conçoit et rédige des exercices, des fiches de travail et des guides méthodologiques.

13. ( ) Supervise l'évaluation des stages de travaux pratiques des élèves.

14. ( ) Fait un retour sur les objectifs, les moyens et les instruments de mesure et apporte les correctifs nécessaires, s'il y a lieu.

15. ( ) Détermine et sélectionne les moyens nécessaires à la réalisation des objectifs de comportement désirés.

16. ( ) Prépare des exposés pour ses activités éducatives.

17. ( ) Rencontre les parents et fait le point, avec eux, sur l'apprentissage et la formation.

18. ( ) Participe aux réunions fixées par la direction aux différents comités de l'école, participe aux rencontres de niveaux, de cycles, de départements, de cellules-communautés, de probation, etc.

19. ( ) Détermine et présente par écrit à la direction un programme et ses plans de cours.

20. ( ) Élabore les critères d'évaluation des différentes activités éducatives.

21. ( ) Suit l'évolution des stagiaires (élèves-maîtres) et celle des probationnistes.

22. ( ) Fait l'analyse et la synthèse des rapports d'évaluation remplis avec les personnes concernées, en vue du classement des élèves.

23. ( ) Range le matériel à la suite d'une activité d'apprentissage ou de formation et remet les lieux en ordre.

24. ( ) Suit les cours de recyclage organisés dans le milieu ou participe à des stages.

25. ( ) Aide les élèves à s'habiller et les assiste, selon leurs besoins (maternelle, premier cycle de l'élémentaire).
26. ( ) Surveille les élèves (études, récréation, temps de transition).
27. ( ) Communique des directives et des renseignements aux élèves.
28. ( ) Commande, au magasin de l'école, le matériel et les appareils nécessaires et réserve les locaux.
29. ( ) Fait la mise au point et l'entretien de l'équipement, de l'outillage et des instruments.
30. ( ) Compile les résultats des différents types d'évaluation et remplit tout autre rapport exigé par l'école.
31. ( ) Dactylographie certains documents pédagogiques, les imprime et les assemble.
32. ( ) Inventorie, fait les demandes d'achat et range le matériel.
33. ( ) Organise les sorties ainsi que les stages de travaux pratiques.
34. ( ) Participe à la préparation des prévisions budgétaires en fonction des exigences pédagogiques.
35. ( ) Participe à la répartition des charges de travail selon la clientèle et le personnel.
36. ( ) Accomplit toute autre tâche de même nature ou d'ordre général que commandent ses fonctions ou que demande la direction.

2. Quelles sont les tâches et les activités des enseignants, dans nos établissements scolaires? Dressez-en la liste et comparez ensuite votre liste à celles du rapport de la CETEES ou de Hyman, présentées dans ce chapitre.

3. Faites appel à votre expérience dans le milieu et dressez une liste des cinq principaux comportements caractérisant l'enseignant efficace au niveau primaire, secondaire ou collégial. (Vous trouverez sans doute cette tâche relativement facile et il est probable que votre choix ne différera pas de façon significative des choix effectués par d'autres personnes du milieu.)

BIBLIOGRAPHIE

ACHESON, K.A. et M.D. GALL *Techniques in the clinical supervision of teachers: preservice and inservice applications*, Longman, New York et Londres, 1980.

ALLEN, D. et K. RYAN *Le micro-enseignement: une méthode rationnelle de formation des enseignants* (traduit par G. Dalgalian), Sciences de l'éducation, Dunod, Paris, 1972.

BERLINER, D. et W.J. TIKUNOFF, «The California beginning teacher evaluation study: overview of the ethnographic study», *Journal of Teacher Education*, vol. 27, n° 1, 1976.

BORG, W.R. «Time and school learning», *BTES* Newsletter*, mars 1979.

BRUNELLE, J. «Identification d'habiletés en relation avec des conditions valables d'apprentissage», *Annual publication of the North American Society for the psychology of sport and physical activity*, Nadeau, Halliwell, Newell, Roberts, éditeurs, Actes de congrès, Université du Québec à Trois-Rivières, Trois-Rivières, 1979.

BRUNELLE, J., P. GODBOUT, D. DROUIN, R. DESHANAIS, M. LORS et M. TOUSIGNANT *Rapport de recherche sur la qualité de l'intervention en éducation physique*, Équipe de recherche du projet EQUI, Laboratoire de recherche en intervention, Département d'éducation physique, Université Laval, Québec, juin 1980.

BRUNELLE, J., D. DROUIN, P. GODBOUT et M. TOUSIGNANT *La supervision de l'intervention en activité physique*, Gaëtan Morin éditeur, Boucherville, 1988.

CHANNON, G. *Homework*, Outerbridge and Dienstfrey, New York, 1970.

FISHER, C.W., D. BERLINER, N.D. FILBY, R. MARLIAVE, L.S. CAHEN et M.M. DISHAW «Teaching behaviors, academic learning time and student achievement: an overview», *Journal of Classroom Interaction*, vol. 17, n° 1, 1981.

FLANDERS, N.A. *Analysing teaching behavior reading*, Addison-Wesley, Reading (Mass.), 1970.

HALL, R.V., J.C. DELQUADRY et J.W. HARRIS «Opportunity to respond: a new focus in the field of applied behavior analysis», communication présentée à la MidWest Association of Applied Behavior Analysis, Chicago, 1977.

HENNEY, M. et W.P. MORTENSON « What makes a good elementary teacher? », *The Journal of Teacher Education*, vol. 24, n° 4, Iowa State University, Washington (D.C.), 1973.

HYMAN, R.T. *School administrator's handbook of teacher supervision and evaluation methods*, Prentice-Hall, Englewood Cliffs (N.J.), 1975.

JACKSON, P. *Life in classrooms*, Holt, Rinehart and Winston, New York, 1968.

McLEAN, E. *Étude descriptive de l'efficacité de l'intervention pédagogique d'un entraîneur de basketball, lors des séances d'entraînement d'une équipe d'élite de calibre universitaire*, mémoire de maîtrise non publié, Université du Québec à Chicoutimi, Chicoutimi, 1982.

MINISTÈRE DE L'ÉDUCATION DU QUÉBEC *Rapport de la CETEES* (Commission d'étude de la tâche des enseignants de l'élémentaire et du secondaire), Québec, mars 1975.

MINISTÈRE DE L'ÉDUCATION DU QUÉBEC *La formation des maîtres de l'éducation préscolaire et de l'enseignement élémentaire*, document de travail, MEQ, Québec, mars 1976.

PEIRON, M. et J.M. HAAN « Activités et comportements d'élèves de l'enseignement secondaire pendant des séances d'éducation physique », *Bulletin de la Fédération internationale d'éducation physique*, vol. 51, n° 2, 1981.

ROSENSHINE, B. « Classroom instruction », dans *The psychology of teaching methods: the seventy-seventh yearbook, National Society for the Study of Education*, N. Gage ed., University of Chicago Press, Chicago, 1976.

ROSENSHINE, B. et N. FURST « Research on teacher performance criteria », dans *Research in teacher education: a symposium*, B. Smith Editor, Prentice-Hall, Englewood Cliffs (N.J.), 1971.

RYANS, D.G. *Characteristics of teachers*, American Council on Teachers, Washington (D.C.), 1960.

* **The Beginning Teacher Evaluation Study** (BTES) est le nom de l'étude qui avait pour but de fournir des données reposant sur une base scientifique à la commission chargée de préparer et d'accréditer les enseignants de l'État de Californie.

SEPTIÈME CONDITION

Une évaluation systématique des facteurs de succès scolaire

FIGURE 7.1 Modèle intégrateur des facteurs de formation et de réussite dans les apprentissages scolaires

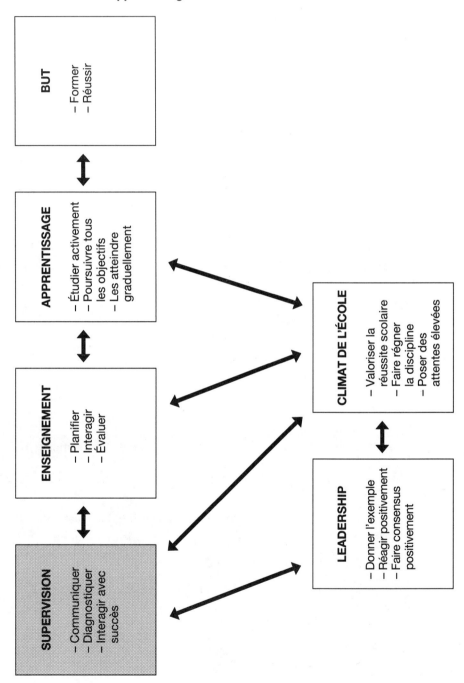

INTRODUCTION

Les cinq premiers chapitres présentent une série de facteurs d'efficacité d'un établissement scolaire. Plus spécifiquement, le chapitre 6 met en évidence les facteurs du processus d'enseignement et d'apprentissage qui influencent directement ou indirectement les gains en apprentissage, soit les comportements des élèves et les comportements des enseignants.

En supervision comme en enseignement, chaque fois qu'intervient la prise de décision, la nécessité de mesurer, d'évaluer, donc d'observer directement ou indirectement les phénomènes multiples associés, surgit.

Pour être en mesure d'influencer positivement les facteurs de succès scolaire dans une école, il faut se donner les moyens de les observer et de les analyser systématiquement. La description des faits, des événements, des comportements et des activités des agents d'éducation et des élèves rend possible l'identification et l'amélioration des facteurs associés à la réussite scolaire.

Ainsi, l'observation de tout ce qui se passe dans l'école, et particulièrement de ce qui se passe dans la classe, devrait permettre :

– d'obtenir de l'information détaillée sur une problématique précise. Une première description des faits, des événements, des comportements et des activités peut être entreprise par le superviseur ou par l'enseignant qui s'explique ce qu'il voit, perçoit, entend et ressent. L'information peut également être recueillie auprès des élèves et des pairs ;

– d'aider les divers agents d'éducation à analyser eux-mêmes la situation et leur action pédagogique ;

– d'orienter l'attention sur des aspects qui, autrement, passeraient inaperçus ;

– de donner un degré d'objectivité acceptable aux données recueillies. Plusieurs méthodes de cueillette de données font mention d'une multitude d'instruments d'observation valides et fidèles, qui rendent possible la cueillette de données objectives.

Dans le présent chapitre, nous présentons certaines techniques et certains instruments de cueillette de données qui peuvent fournir des informations pertinentes au sujet des facteurs d'efficacité associés au système école ou à l'un de ses sous-systèmes. Les informations ainsi recueillies pourront ultérieurement s'avérer fort utiles dans le cadre d'un processus de supervision pédagogique.

En supervision, le processus d'évaluation porte fréquemment sur autre chose que l'apprentissage théorique ou cognitif, si bien que la mesure doit se faire autrement qu'au moyen d'examens écrits, objectifs ou subjectifs. Lorsqu'on doit mesurer soit des habiletés du personnel enseignant ou des élèves en action, soit des produits de ces habiletés (voir tableau 7.1), il faut avoir recours à des techniques ou à des instruments mieux adaptés que les examens écrits. À la base de ces techniques et de ces instruments, il y a le **processus d'observation**. Dans les pages qui suivent, nous présentons tout d'abord les aspects importants de ce processus. Par la suite, nous fournissons des informations plus détaillées quant à trois techniques appropriées à diverses situations : le dossier anecdotique, la liste de vérification et la grille d'appréciation.

Quelques exemples illustrent ces techniques. Malgré leurs imperfections, ces exemples pourront certainement inspirer les divers agents d'éducation, en particulier les personnels de direction et d'enseignement qui ont à mesurer des comportements ou des produits liés aux activités et aux habiletés de supervision, d'enseignement et d'apprentissage.

L'OBSERVATION DU PROCESSUS D'ENSEIGNEMENT ET D'APPRENTISSAGE

L'observation peut être définie comme un procédé logique qui permet de constater avec attention des **faits**, puis de caractériser les multiples phénomènes qui se produisent à l'école, principalement les comportements des personnes. Ce qui est observé peut être noté, si on le désire. Ce procédé, à l'aide duquel on étudie les particularités d'un phénomène, doit idéalement avoir lieu sans influencer l'objet observé (pas de questions, de commentaires ou de directives).

Cette définition met en évidence ce qui distingue l'observation de l'examen, comme instrument de mesure : « l'observation constate en intervenant le moins possible, alors que l'examen questionne et donne des directives » (Lapointe, 1980).

En classe, le personnel enseignant utilise fréquemment ce procédé de mesure. Qu'on songe, par exemple, à l'évaluation de la prononciation et de l'intonation en lecture expressive, de la calligraphie en écriture, des qualités organiques et des habiletés psychomotrices en éducation physique, de la célérité et de l'habileté manuelle dans tous les domaines de l'enseignement professionnel, etc. À toutes ces situations de mesure, il faudrait ajouter les nombreuses occasions où l'enseignant doit apprécier, par observation, l'attention de ses élèves, leur motivation, leur concentration, leur fatigue passagère, etc. Dans toute organisation scolaire, de telles

TABLEAU 7.1 Objets d'observation exigeant des procédures différentes des examens habituels*

CATÉGORIES	COMPORTEMENTS OU PRODUITS (Corps enseignant, élèves et autres agents d'éducation)
Habiletés et aptitudes	– Expliquer clairement – Démontrer – Réagir à la tâche ou au comportement – Varier les stimuli de l'environnement – Écouter – Socialiser – Imiter – Planifier – Organiser – Gérer – Animer – Observer – Manipuler – Autres
Caractéristiques et attitudes personnelles	– Initiative – Créativité – Persévérance – Fiabilité – Ouverture d'esprit – Objectivité – Équité – Respect des autres – Sensibilité – Réceptivité – Sentiment de contrôle – Niveau de stress ou d'anxiété – Stabilité émotionnelle – Intérêts et motivations – Goûts – Capacité d'adaptation – Humeur – Adaptabilité sociale – Réaction au succès ou à l'échec – Conception de l'autorité – Autres

* Adapté de Morissette, 1984: 257.

observations, même si elles ne peuvent être traduites sous forme de résultats scolaires, représentent une source importante d'informations.

De la même façon, dans un processus de supervision pédagogique, l'observation constitue un procédé à privilégier pour l'évaluation des comportements du personnel enseignant, des élèves et des autres agents d'éducation. (Le tableau 7.1 donne des exemples d'objets d'observation en supervision ou en enseignement.)

LES ÉTAPES DE L'OBSERVATION

En situation d'observation, les données risquent d'autant plus d'être faussées que les personnes qui observent ou sont observées risquent d'être influencées par le processus et l'instrument d'observation. Si l'objet d'observation n'a pas été déterminé, si le contexte environnemental n'est pas explicite, si l'instrument est plus ou moins structuré et précis, si les rôles réciproques des deux parties ne sont pas connus, s'il n'y pas eu entente sur les modalités de la cueillette de données, toute la démarche d'observation sera, elle aussi, plus ou moins structurée et ne produira pas les effets escomptés. D'où l'importance de procéder systématiquement, tout au long du processus d'observation qui comporte les cinq étapes suivantes:

1. La description exacte, sous forme d'indices, de ce qui sera observé: quel type de paroles? de gestes? de la part de qui? quand?

2. L'identification des faits, des paroles et des gestes perçus au moment où ils se produisent.

3. La comparaison des indices choisis (en 1) et des faits perçus (en 2) en vue d'en établir la présence: oui ou non, l'indice s'est-il manifesté?

4. L'évaluation de l'objet d'observation en vue de déterminer si ce qui était prévu, quantitativement ou qualitativement, s'est produit.

5. La consignation du jugement, de l'évaluation, des suggestions ou de la décision.

LES FORMES D'OBSERVATION

Même si l'aspect envisagé ici est restrictif, l'observation n'en demeure pas moins un procédé qui peut prendre plusieurs formes. Trois d'entre elles sont susceptibles d'intéresser davantage les agents d'éducation, et les directions d'écoles en particulier: l'observation non structurée, l'observation discrète et l'observation systématique.

L'observation non structurée

L'observation non structurée a lieu sans qu'aucune variable n'ait été prédéterminée comme but d'observation. L'observateur se fie alors à son expérience et à son intuition pour déceler des comportements significatifs. Il oriente son attention selon les besoins du moment. Sans guide, cette observation peut se révéler hasardeuse: l'observateur risque de voir seulement les comportements qui attirent son attention et ces comportements pourront différer d'un observateur à l'autre. Ce genre de situation a tendance à produire des résultats dont la fidélité laisse à désirer.

L'observation discrète

Dans ce genre d'observation, les procédures appliquées lors de la cueillette des données doivent exercer le moins d'influence possible sur les comportements ou les attributs visés par la mesure. C'est le cas, par exemple, d'un enseignant qui observe à la dérobée le comportement en groupe d'un ou de plusieurs élèves. Les données ainsi recueillies servent davantage à l'évaluation ou à l'interprétation des résultats fournis par les autres instruments de mesure. En observant discrètement toute une série de comportements qui entourent habituellement l'enseignement ou le processus d'acquisition des connaissances, les agents d'éducation ont de meilleures chances de prendre de bonnes décisions: ils sont mieux renseignés sur les facteurs contextuels qui entourent la mesure. Ce genre d'observation va souvent de pair avec l'emploi de la fiche d'observation ou de la fiche de personnalité, ce que nous appelons plus loin le «dossier anecdotique».

Dans le domaine scolaire, le contrôle des présences, de la ponctualité, de la discipline dans les classes, l'observation des phénomènes de décrochage (*drop out*) ou de raccrochage (*drop in*), de la participation du personnel enseignant aux activités parascolaires, aux journées ou aux réunions pédagogiques, constituent des exemples d'observations discrètes.

L'observation systématique

L'observation systématique du comportement consiste à observer certains types déterminés de comportements chez des agents d'éducation ou des élèves, pris individuellement ou en groupe, et à noter au fur et à mesure les jugements portés sur ces comportements. Les cinq étapes de cette forme d'évaluation ont déjà été décrites dans ce chapitre.

L'observation systématique peut être faite par un observateur externe à l'objet d'observation – la classe – (le directeur d'école ou un autre agent d'éducation, voire un pair) ou par un observateur interne (l'enseignant, un ou plusieurs élèves).

LA DESCRIPTION D'UN COMPORTEMENT

Le superviseur engagé dans une démarche de supervision pédagogique souhaite que son relevé d'observation soit plus qu'une simple énumération désordonnée d'impressions. Les actions, les habiletés et les attitudes des personnes observées, et en général les phénomènes observés, doivent être évalués le plus objectivement possible à partir des **comportements**. En pratique, nous savons que les sentiments, les impressions ou les jugements sont plus faciles à formuler.

Un comportement est, par définition, une **réaction répétitive, simple ou complexe, qui peut être décrite de façon concrète et dont les caractéristiques sont observables et mesurables.**

Dans le présent contexte, le comportement est donc tout mouvement, toute activité ou manifestation, directement ou indirectement observable et mesurable, d'une personne concernée par la supervision pédagogique.

Ainsi, cela sous-entend qu'un comportement sera clairement défini par un commencement et une fin, et susceptible de se reproduire. Cela exclut les remarques qui relèvent du jugement plutôt que des faits, comme lorsqu'on décrit un enseignant en notant, par exemple, «il manque ordinairement d'enthousiasme». Une remarque de ce genre ne correspond pas à une description de fait mesurable et, par conséquent, elle ne devrait pas paraître sur un relevé d'observation. De plus, ce type de notation peut signifier plusieurs choses pour différentes personnes: un enseignant qui manque d'enthousiasme peut être un enseignant qui manque de planification, qui a un taux d'absentéisme élevé, qui ne pose pas de questions aux élèves, qui donne trop peu de renforcement sur la tâche ou le comportement social, qui ne corrige pas les travaux des élèves, etc. Sous une même étiquette, on peut vouloir signaler une infinité de comportements.

Pour qu'il soit observable, un comportement doit posséder un certain nombre de caractéristiques qui nous permettent de le définir de façon opérationnelle, soit principalement pour ce qui est de l'action, de la fréquence, de la durée, de l'intensité, de la pertinence ou de la latence. Selon les objectifs de l'observation, le superviseur notera une ou plusieurs de ces caractéristiques. Par exemple, il calculera le nombre de minutes d'engagement d'un élève dans une activité d'apprentissage, il relèvera le nombre de renforcements qu'un enseignant adresse à ses élèves, etc.

Selon la nature du besoin, le superviseur pourra noter simultanément ou successivement deux caractéristiques comportementales, ou plus. Un observateur pourrait, par exemple, noter le nombre de questions d'un enseignant par unité de temps, et le nombre de secondes que prend chaque question.

LES RÈGLES, EN OBSERVATION

Il est important de noter que toutes les situations d'observation doivent être représentatives des situations habituellement vécues, c'est-à-dire qu'il ne faut pas placer les personnes observées en situation « extraordinaire » pour observer un comportement qui se vit en situation « normale ». Règle générale, l'observateur doit prendre conscience que l'observation directe en classe crée, surtout au début, une situation extraordinaire qu'il doit s'efforcer de rendre moins importante.

Le superviseur doit donc préparer sa venue en classe lors de l'étape de planification de la supervision. En informant d'avance l'enseignant du moment, de l'objet et des modalités de la supervision, il favorise généralement une diminution des effets négatifs qui résultent de la sensation d'être observé.

L'enseignant doit planifier son enseignement et intervenir comme il le fait quotidiennement. S'il le juge à propos, il peut aussi informer ses élèves de la présence d'un observateur à un moment précis, afin d'atténuer au maximum ces mêmes effets négatifs.

Le superviseur a intérêt à expérimenter un premier type d'instrument d'observation et à faire les corrections qui s'imposent avant de l'utiliser systématiquement. Comme la qualité des informations recueillies dépend, en bonne partie, de son habileté à utiliser l'instrument choisi, il devra se familiariser avec celui-ci avant de l'utiliser en situation réelle. Dans cet ordre d'idée, ce n'est pas le nombre ou la variété des instruments d'observation qui importent, mais bien la maîtrise qu'en a l'observateur ou sa capacité de recueillir les bonnes informations.

Enfin, le superviseur enregistrera les informations, et surtout les appréciations, le plus tôt possible. S'il lui est impossible de le faire sur-le-champ, il devra s'y consacrer dès que possible après la période d'observation. Tout délai dans l'enregistrement des résultats des observations peut entraîner une diminution de leur précision.

LES TYPES D'ERREURS, EN OBSERVATION

Dans les informations obtenues par observation, la plupart des erreurs proviennent du manque d'objectivité de l'observateur. Les trois types d'erreurs suivants doivent être évités.

L'effet de halo

L'effet de halo se produit lorsque l'observateur a tendance à évaluer positivement une personne envers laquelle il nourrit des préjugés positifs, et à évaluer négativement une personne envers laquelle il entretient des préjugés négatifs. L'effet de halo tend à diminuer si on utilise un instrument dont les éléments sont assez précis, laissant le moins de place possible à l'interprétation. Plus un indice est observable, plus des observateurs différents auront tendance à en faire la même évaluation: cela augmente d'autant la fidélité de l'instrument.

La tendance à être sévère, neutre ou généreux

Lors des observations, certaines personnes ont tendance à évaluer trop sévèrement, d'autres, à évaluer trop généreusement et d'autres enfin, à rester neutres (dire, par exemple, «c'est plus ou moins bon»). Lorsque l'observateur a trouvé vers quoi il tend naturellement, il doit faire un effort pour combattre cette tendance en tentant d'utiliser toutes les possibilités de l'instrument, compte tenu de la situation observée.

L'erreur de logique

Ce genre d'erreur se produit lorsque l'observateur ne connaît pas les relations qui existent entre certaines variables en interaction dans une situation donnée. Cela donne, par exemple, des notations du genre: «l'enseignante Caroline est heureuse au travail car elle sourit toujours», «l'enseignant Pierre participe activement sur le plan professionnel car il parle souvent lors des réunions pédagogiques», «Aline doit être intelligente car elle réussit bien en mathématiques». Ces suppositions sont rarement fondées et constituent de fausses prémisses qui influencent les appréciations ultérieures de l'observateur.

Dès le début, l'identification du contexte d'apprentissage, des caractéristiques des élèves et de la classe, des objectifs d'enseignement et d'apprentissage, des modes et des techniques d'évaluation des apprentissages, des stratégies d'enseignement, des modes d'organisation et de gestion, du matériel didactique et de l'objectif de supervision permettra de réduire les risques d'erreurs de ce type.

Il est également possible d'augmenter la précision des évaluations en augmentant le nombre d'observations. Plusieurs appréciations peuvent être obtenues si l'on demande à des agents d'éducation autres que le directeur, des pairs par exemple, d'agir comme observateurs. Cette façon de faire incite les enseignants qui observent à être attentifs aux performances des autres et elle les aide à mieux juger leur propre performance.

LES AVANTAGES ET LES INCONVÉNIENTS DE L'OBSERVATION

Avant de passer aux différentes techniques, il est bon de se rappeler quelques forces et faiblesses de l'observation.

L'observation porte sur des comportements réels de la vie courante. Elle se fait *in vivo*, en situation normale ou artificielle.

Cette technique peut s'avérer très efficace si on l'utilise pour superviser un enseignant qui n'a pas suffisamment le temps ou possède trop peu de connaissances techniques pour entreprendre, de son propre chef, un processus d'autosupervision. La fidélité de l'observation pourra être bonne, surtout si l'observateur utilise des instruments et des stratégies appropriés.

L'observation peut être utilisée pour recueillir des données sur différents objets – des attitudes, des habitudes, des habiletés, des aptitudes, des actions, des comportements ou leurs produits – et des caractéristiques personnelles de l'enseignant, des élèves ou d'autres agents d'éducation. Cependant, lors de la préparation d'une observation structurée, il est difficile de bâtir des catégories d'observation significatives et efficaces. Il est également difficile d'interpréter des parcelles de comportements et d'inférer avec justesse des habiletés globales. La pratique et l'expérience permettent ordinairement de surmonter ces deux difficultés.

L'observation est une technique de mesure généralement coûteuse parce qu'elle exige beaucoup de temps de la part d'une personne bien préparée. Nous l'utilisons en supervision parce qu'aucun autre moyen de mesure ne permet à l'observateur de recueillir le type d'informations recherché. De plus, les conséquences bénéfiques de l'observation influencent non seulement le processus de supervision lui-même, mais également toute la pratique pédagogique des enseignants qui, éventuellement, apprennent à s'auto-observer et s'auto-évaluer et acceptent de le faire.

En supervision pédagogique, les trois techniques d'observation suivantes sont susceptibles d'être utilisées : le dossier anecdotique, la liste de vérification et la grille d'évaluation.

LE DOSSIER ANECDOTIQUE

Le dossier anecdotique est l'instrument le moins structuré des techniques d'observation. Il consiste à décrire un comportement, souhaitable ou non souhaitable, productif ou improductif, observé chez un enseignant, un élève ou un groupe d'élèves. Cette description est suivie d'une courte interprétation et, s'il y a lieu, de quelques suggestions ou recommandations.

La notation de ces événements permet de déterminer leur fréquence et leur durée, et de définir le contexte et les circonstances dans lesquels ils se produisent. Dans un processus de supervision, l'élaboration d'un tel dossier permet au superviseur d'aider la personne supervisée à prendre conscience de ses comportements et de choisir avec elle une stratégie de changement.

L'anecdote est ordinairement écrite sur une feuille ordinaire ou encore sur une feuille spécialement préparée à cet effet. Les tableaux 7.2 et 7.3 illustrent deux modèles de présentation d'un dossier anecdotique. En résumé, la fiche contient généralement les informations suivantes :

— le nom de la personne ou du groupe observé ;

— la date, l'heure et la durée de l'observation ;

— la description du comportement ;

— une courte description du contexte dans lequel le comportement a eu lieu ;

— l'interprétation de l'événement ;

— quelques commentaires ou recommandations ;

— la signature de l'observateur.

La description des faits doit être aussi objective que possible, du moins dans un premier temps. Le dossier anecdotique a une fidélité plus grande si plusieurs personnes participent à sa préparation et si les observations sont notées au fur et à mesure que se manifestent les phénomènes, ou le plus tôt possible après.

Au moment de la collecte des faits, il faut éviter l'emploi de mots qui font appel à des jugements de valeur – bon, méchant, batailleur, etc. – et bien différencier la description du comportement de son interprétation. Il

TABLEAU 7.2 Dossier anecdotique (1er modèle)

Nom:	*Enseignante Huguette Bouchard (Pri. 3)*

Date: *11.05.90* **Durée:** *14:30-15:00* **Matière:** *Mathématiques*

Description du contexte

Les élèves ont des exercices à faire individuellement.

Description du comportement

Lucie, après avoir complété sa série d'exercices, est allée aider Pierre qui semblait

éprouver des difficultés.

Elle l'a aidé à terminer tous les exercices en prenant soin de lui expliquer chaque problème.

Interprétation

Lucie semble être attentive aux difficultés des autres élèves.

Elle pose souvent des gestes similaires sans que personne le lui demande.

Commentaires ou recommandation(s)

Je vais féliciter Lucie.

Observateur: _____

TABLEAU 7.3 Dossier anecdotique (2ᵉ modèle)

Pendant que l'enseignant donne des explications relatives aux objectifs, aux activités et au déroulement de la séance, André répète en chuchotant les explications et les directives de l'enseignant, ce qui a comme conséquence directe de déconcentrer les élèves qui l'entourent.

Constatant l'effet négatif du comportement d'André sur les autres élèves, l'enseignant leur demande si André a un comportement poli et respectueux envers les autres.

André agit comme si la remarque ne s'adressait pas à lui. L'enseignant lui donne un travail de 10 pages sur le respect des autres.

L'enseignant profite de l'occasion pour rappeler qu'en société la liberté individuelle est assujettie au respect des autres. Il conclut en soulignant que tous ont droit à l'erreur, mais qu'il faut reconnaître nos erreurs si on ne veut pas qu'elles deviennent des bêtises.

L'observateur félicite le professeur pour la pertinence et la justesse de son intervention.

Intervenant: _____   **Matière:** _____

Date: _____   **Heure:** _____

Observateur: _____

est également préférable de rapporter des événements qui se produisent fréquemment et qui se rapportent aux résultats attendus.

En somme, le dossier anecdotique peut fournir des renseignements écrits sur les comportements des agents d'éducation ou sur leurs produits. Il est facile à mettre à jour et il décrit le comportement réel des personnes concernées.

La prudence exige que les recommandations fassent suite à l'observation de faits répétés et significatifs et non d'incidents ponctuels ou fortuits.

LA LISTE DE VÉRIFICATION

La liste de vérification est un instrument de mesure qui énumère une série d'actions, de méthodes, de stratégies, de qualités, d'attitudes, de comportements, d'aptitudes ou de caractéristiques qui doivent se manifester chez une personne, dans une situation ou dans un produit. Il s'agit d'un instrument d'observation utilisé très fréquemment en situation d'observation directe.

Quand une performance consiste en une série d'actions ou de comportements simples, la liste de vérification ou de contrôle (Legendre, 1988) permet de noter si un individu réussit à accomplir tout ce qu'il doit faire. Elle n'évalue pas le degré de qualité des comportements posés, mais permet seulement d'observer s'ils se manifestent ou non (Tousignant et Morissette, 1990).

En supervision pédagogique, le superviseur observe un ou plusieurs comportements ou leurs produits et consigne la présence ou l'absence de chaque action, méthode, qualité, caractéristique, etc., décrite dans la liste.

Cette technique permet au superviseur de mesurer, chez les membres du personnel ou les élèves, différentes habiletés de nature cognitive, psychomotrice et socioaffective. Elle est très pratique lorsque le travail de l'observateur comporte plusieurs étapes pour lesquelles il suffit de vérifier la présence ou l'absence d'une habileté ou d'une caractéristique, d'un succès ou d'un échec. Cependant, cette particularité contribue évidemment à réduire l'utilisation de cette technique puisque, dans de nombreux cas, la performance doit être analysée selon plusieurs niveaux de qualité.

La liste de vérification peut servir à contrôler la participation d'un élève à une activité pédagogique et à préparer des rapports diagnostiques (puisqu'elle donne une liste des étapes acquises et non acquises pour différentes tâches). Elle s'avère également intéressante pour vérifier la présence de compétences de base chez les différents agents d'éducation. D'ailleurs, elle s'intègre directement au processus d'analyse de la tâche.

La fidélité de cette technique est habituellement bonne, surtout si plusieurs observations sont faites sur le même objet et si chaque énoncé est précis, concis et observable.

Le tableau 7.4 donne un exemple de cette technique appliquée d'observation directe, combinée au dossier anecdotique. Le tableau 7.5 présente un exemple différent qui relève la présence ou l'absence de certaines habiletés d'enseignement pour une unité de temps déterminée: nombre d'apparitions (fréquence) et durée (en secondes ou en minutes) de chaque comportement. La fiche prévoit également l'inclusion de remarques ou de commentaires, ce qui lui donne une dimension anecdotique.

Les cinq étapes de la préparation d'une liste de vérification

Vérification de la pertinence de ce genre de test

La liste de vérification est relativement facile à construire. Toutefois, cela ne doit pas être l'unique raison de son utilisation. Il faut donc s'assurer

TABLEAU 7.4   Liste de vérification A (et dossier anecdotique)

OBJECTIF: Vérifier la présence ou l'absence des différents éléments de contenu d'un plan de cours.

Indiquez la présence de l'élément en noircissant la case correspondante et, au besoin, inscrivez vos remarques à droite.

OBJECTIFS		
Objectifs:		REMARQUES
Psychomoteur	☐	_____
Cognitif	☐	_____
Socioaffectif	☐	_____

CONTENU		
Savoir (connaissances)	☐	_____
Savoir-faire (habiletés)	☐	_____
Savoir-être (attitudes)	☐	_____

STRATÉGIES D'ENSEIGNEMENT		
Par des problèmes à résoudre	☐	_____
Par la découverte individuelle	☐	_____
Par l'enseignement dirigé	☐	_____
Par essai-erreur	☐	_____
Autre:	☐	_____

FORMULE PÉDAGOGIQUE		
Enseignement magistral	☐	_____
Enseignement individuel	☐	_____
Enseignement par petits groupes	☐	_____
Séminaire et conférence	☐	_____
Contrat	☐	_____
Autre:	☐	_____

SUPPORT PÉDAGOGIQUE		
Livres, brochures	☐	_____
Matériel audiovisuel	☐	_____
Autre:	☐	_____

ÉVALUATION		
Savoir	☐	_____
Savoir-faire	☐	_____
Savoir-être	☐	_____

Intervenant: _____   **Matière:** _____

Date: _____   **Heure:** _____

Observateur: _____

TABLEAU 7.5   Liste de vérification B (et dossier anecdotique)

OBJECTIF: Déterminer la fréquence et la durée de certains comportements prédéterminés de l'enseignant.

Directives d'entrée des données:
Lorsqu'un comportement se produit, cochez-le (✓) sur la ligne supérieure et inscrivez la durée en min/s sur la ligne inférieure.

INDICES COMPORTEMENTAUX		FRÉQUENCE											TOTAL	%
		DURÉE (min/s)											TOTAL	%
1. Structure l'enseignement	f													
	d													
2. Démontre	f													
	d													
3. Explique à nouveau	f													
	d													
4. Observe l'accomplis–	f													
sement	d													
5. Donne une rétroaction	f													
sur la tâche	d													
6. Donne une rétroaction	f													
sur le comportement	d													
7. Aide ou assiste un élève	f													
	d													
8. Pose des questions	f													
sur la matière	d													
									FRÉQUENCE: G.T.					100%
									DURÉE (min/s): G.T.					100%

Commentaires:

_____
_____
_____
_____
_____
_____

Intervenant:_____   **Matière:**_____

Date: _____   **Heure:** _____

Observateur: _____

que toutes les informations souhaitées pourront être obtenues à partir de cette liste de comportements, de méthodes ou de caractéristiques dont on relèvera seulement la présence ou l'absence et la séquence. Cela suppose que les divers aspects à observer sont relativement simples et que la séquence est habituellement la même, à moins qu'un nombre réduit d'éléments facilite l'observation malgré l'absence d'une séquence prévisible.

Rédaction de la liste des comportements ou des caractéristiques

Pour vérifier un processus, on dresse la liste de tous les comportements qui doivent se manifester et qu'on souhaite mesurer. Pour vérifier un produit, on dresse la liste des caractéristiques importantes qui distinguent le produit de bonne qualité, ou celui qui est bien réussi, des autres. Puis, dans un cas comme dans l'autre, on choisit les éléments les plus appropriés. Habituellement, la liste de vérification ne comprend qu'un échantillon de tous les éléments.

Insertion, dans la liste, d'erreurs à éviter

Lorsqu'un comportement ou une caractéristique indésirable apparaît dans un bon nombre d'observations, il devient parfois utile pour le superviseur de l'inclure dans la liste de vérification. En effet, l'identification d'un comportement ou d'une habileté non souhaitable facilite la tâche de supervision en permettant de signaler l'excellence de la personne qui réussit à l'éviter.

Mise en ordre des éléments de la liste

La liste de vérification sera beaucoup plus facile et rapide à utiliser si les comportements à observer sont placés dans leur ordre d'apparition. Dans le cas de la mesure d'un produit, il est préférable, pour la même raison, d'énumérer les qualités ou les caractéristiques contrôlées en tenant compte d'une observation systématique du produit, partie par partie.

Inscription de directives claires

Les directives doivent être indiquées clairement au début de chaque liste de vérification. Un espace doit être réservé, habituellement à droite pour les droitiers et à gauche pour les gauchers, pour permettre de noter, par un crochet ou autrement, la présence du comportement ou de la caractéristique au moment de l'observation. Dans bien des cas, les erreurs sont beaucoup moins fréquentes que les succès; il est alors plus rapide de signaler les erreurs. Dans ce cas, le superviseur qui n'est pas observateur avisera tout simplement ce dernier.

LA GRILLE D'ÉVALUATION

La grille d'évaluation est un instrument de mesure dans lequel sont énumérées une série d'actions ou de méthodes que doit accomplir ou utiliser un sujet, ou encore une liste de qualités et de caractéristiques que doivent comporter les produits de son action. Pour chaque élément mentionné, on fournit une échelle d'appréciation plus ou moins détaillée et précise. C'est au sujet lui-même ou à un observateur qu'il revient d'apprécier, en s'aidant de ces échelles, le degré de présence ou d'absence de la performance ou du produit de la performance. Chaque échelle peut indiquer la quantité, la qualité ou le niveau des comportements, des méthodes, des étapes d'un processus ou d'un produit, etc.

Une série de points définis sur chaque échelle facilite une appréciation plus juste et plus rapide en fournissant des repères à l'observateur. Des instructions précises accompagnent le tout.

La grille d'évaluation a un avantage important sur la liste de vérification : elle permet de porter un jugement systématique sur le degré de présence ou d'absence de chaque comportement ou de chaque caractéristique.

La grille d'évaluation peut s'avérer utile lorsque le comportement à évaluer comporte plusieurs aspects, puisque chacun d'eux peut correspondre à une des dimensions de la grille d'évaluation.

Cet instrument de mesure est relativement facile à préparer et il peut aider le superviseur à établir le diagnostic pédagogique d'un enseignant. Il favorise aussi une observation plus structurée qui s'avère bien utile, notamment pour documenter les décisions des principaux agents du processus d'enseignement et d'apprentissage, le personnel enseignant et les élèves.

Par contre, les échelles d'une grille d'évaluation ne peuvent compter qu'un nombre limité de catégories : une dizaine en théorie, de trois à cinq en pratique. La validité des résultats est influencée par la personnalité et la formation technique de l'observateur. Enfin, les risques déjà signalés en observation sont toujours présents : effet de halo, tendance à être sévère, neutre ou généreux et erreur de logique.

La grille d'évaluation comporte un ensemble d'échelles qui peuvent prendre plusieurs formes : numérique, graphique ou descriptive. Examinons brièvement les formes les plus pratiques.

L'échelle numérique

De toutes les formes d'échelles, celle-ci est la plus simple. Elle consiste à attribuer un nombre, variant habituellement de 1 à 5, au comportement ou à la caractéristique observé.

Cette sorte d'échelle d'évaluation est probablement la moins fiable ou la moins précise parce qu'elle n'explique pas la signification de chaque nombre. On pallie souvent cette faiblesse en associant une brève expression à chacun des nombres de l'échelle, comme c'est le cas au tableau 7.6.

L'échelle graphique

Cette échelle utilise tous les points d'une ligne horizontale pour illustrer la continuité de l'attribut et offre la possibilité de situer le comportement ou la caractéristique sur cette continuité. Elle offre l'avantage de présenter un grand nombre de positions sur un continuum, mais cet avantage n'est souvent qu'apparent. En effet, l'emploi d'un nombre élevé de catégories (tous les points de la ligne) pour nuancer les observations peut dépasser la capacité de discriminer entre les différents niveaux de l'attribut. Voilà pourquoi l'échelle graphique devient souvent une échelle numérique ou descriptive.

L'échelle descriptive

Cette échelle fournit une description brève et précise du comportement ou de la caractéristique pour chaque niveau possible. Cette forme d'échelle a pour avantage de permettre à l'observateur de comparer la performance observée à une description typique de cette performance. Comme chaque description correspond à un certain point du continuum, il devient plus facile de situer la personne observée. Parce que l'observateur peut faire une appréciation plus précise du comportement ou de la caractéristique observé, cette forme d'échelle comporte une plus grande fiabilité. L'échelle descriptive est probablement plus précise que les autres formes d'échelles d'évaluation, car elle encadre davantage la tâche de l'évaluateur. Malgré cet avantage, plusieurs personnes préfèrent utiliser l'échelle numérique accompagnée de brèves descriptions (tableau 7.6), principalement parce que les descriptions de l'échelle descriptive sont souvent longues et dif-ficiles à mettre au point. Le tableau 7.7 donne un exemple d'échelle à la fois descriptive (trois descriptions), graphique et numérique.

Il est même possible et parfois avantageux de combiner, dans une même grille d'observation, à la fois l'échelle d'évaluation descriptive, la liste de vérification et le dossier anecdotique (tableau 7.8, page 157).

TABLEAU 7.6   Fiche d'évaluation 1 (à échelle numérique)

OBJECTIF : Dresser le profil général du niveau de maîtrise des habiletés de l'enseignant associées à une production optimale de temps d'apprentissage et à la création d'un climat pédagogique valorisant, dans ses mises en situation d'enseignement-apprentissage.

Légende des niveaux de maîtrise des habiletés :
(1) Besoin d'amélioration   (2) Faible   (3) Bon   (4) Très bon   (5) Excellent
Indiquez votre appréciation en noircissant la case appropriée.

TEMPS OPTIMAL D'APPRENTISSAGE

INDICES COMPORTEMENTAUX	ÉCHELLE D'APPRÉCIATION				
	1	2	3	4	5
1. Explique des tâches de façon claire et concise.	☐	☐	☐	☐	☐
2. Donne des consignes d'organisation claires et concises.	☐	☐	☐	☐	☐
3. Offre des mises en situation qui invitent à la participation.	☐	☐	☐	☐	☐
4. Pose aux élèves des questions appropriées.	☐	☐	☐	☐	☐
5. Réduit au minimum les temps de transition pendant la séance.	☐	☐	☐	☐	☐
6. Détecte les premières manifestations d'un comportement inapproprié.	☐	☐	☐	☐	☐
7. Crée une ambiance de travail positive.	☐	☐	☐	☐	☐
8. Évite de dénigrer un élève en présence des autres.	☐	☐	☐	☐	☐
9. Fait participer les non-exécutants.	☐	☐	☐	☐	☐
10. Contrôle l'apprentissage régulièrement.	☐	☐	☐	☐	☐
11. Donne une rétroaction significative.	☐	☐	☐	☐	☐
12. Ajuste le degré de difficulté des tâches aux aptitudes des élèves.	☐	☐	☐	☐	☐

CLIMAT PÉDAGOGIQUE VALORISANT

INDICES COMPORTEMENTAUX	ÉCHELLE D'APPRÉCIATION				
	1	2	3	4	5
1. Réagit davantage face aux élèves qui en ont le plus besoin.	☐	☐	☐	☐	☐
2. Fait en sorte que les élèves participent aux activités d'apprentissage.	☐	☐	☐	☐	☐
3. Indique les critères de réussite pour chaque mise en situation d'apprentissage.	☐	☐	☐	☐	☐
4. A des réactions qui véhiculent de l'information spécifique et positive.	☐	☐	☐	☐	☐
5. Évite que certains élèves ne monopolisent l'attention de l'enseignant.	☐	☐	☐	☐	☐
6. A recours, avec à-propos, au procédé d'extinction.	☐	☐	☐	☐	☐
7. Utilise des styles d'enseignement qui respectent les besoins des élèves.	☐	☐	☐	☐	☐
8. Utilise un répertoire varié de réactions.	☐	☐	☐	☐	☐
9. Amène les membres du groupe à devenir des agents de renforcement.	☐	☐	☐	☐	☐

Intervenant : _____   **Matière :** _____

Date : _____   **Heure :** _____

Observateur : _____

TABLEAU 7.7 Grille d'évaluation 2 (à échelle descriptive)

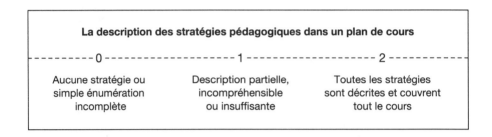

La description des stratégies pédagogiques dans un plan de cours

```
--------- 0 -------------------- 1 -------------------- 2 ----------
```

| Aucune stratégie ou simple énumération incomplète | Description partielle, incompréhensible ou insuffisante | Toutes les stratégies sont décrites et couvrent tout le cours |

Les cinq étapes de la construction d'une grille d'évaluation

Spécification du type de résultat à mesurer

Étant donné que l'échelle d'évaluation peut être utilisée pour mesurer plusieurs catégories de phénomènes, il est bon de préciser dès le départ le type de résultat qu'on se propose de mesurer. On peut classer les différents objets en trois groupes : les procédures, les produits et les attitudes.

1. Les procédures, ou les performances, sont les activités ou les tâches effectuées par l'enseignant. Exemples de performances : planifier une démonstration, résoudre un problème, préparer un exposé, organiser une excursion, donner des explications en classe.

2. Les produits sont les résultats concrets et observables d'une tâche ou d'une activité. Exemples de produits : un plan de cours, un graphique, un tableau, un compte rendu de leçon, un rapport d'étude, un pansement, une pièce usinée, une lettre d'affaires.

3. Les attitudes sont les comportements qui se rapportent plutôt à leur façon d'agir ou de réagir. En somme, et très globalement, tout ce qui relève du domaine comportemental psychosocial du personnel enseignant, des élèves et des autres agents d'éducation. Exemples d'attitudes : réactions face aux enfants handicapés, aux élèves indisciplinés, aux classes spéciales, etc. ; attitudes face à l'enseignement, au succès, à l'effort, à la collaboration ou au partage, réaction du directeur face aux problèmes pédagogiques, à la planification, à la discipline, etc.

Élaboration de la liste des objets à mesurer

Il s'agit ici non seulement de rédiger la liste aussi complète que possible des caractéristiques ou des comportements que l'on souhaite mesurer, mais également de déterminer l'importance relative de chaque élément de cette

TABLEAU 7.8 Fiche d'observation combinée
(liste de vérification, grille d'évaluation à échelle descriptive et dossier anecdotique)

Observation d'une démarche de supervision basée sur la relation d'aide

---

OBJECTIF : Permettre aux participants de noter les observations vécues immédiatement après avoir vécu une démarche de supervision synergique.

	oui	non
A. Pour l'ensemble de la démarche, le superviseur :		
1. a été empathique	☐	☐
2. a adopté une attitude objective	☐	☐
3. a établi un climat de confiance réciproque	☐	☐
4. a employé une langage approprié	☐	☐
B. Les comportements verbaux du superviseur :		
5. ont créé une ambiance chaleureuse	☐	☐
6. ont permis l'expression des sentiments	☐	☐
7. ont facilité la communication	☐	☐
C. Le superviseur a eu recours :		
8. au soutien	☐	☐
9. à la réassurance	☐	☐
10. au reflet	☐	☐
11. au jugement moral	☐	☐
12. à la résolution de problème	☐	☐
13. au silence	☐	☐
14. à la clarification	☐	☐

D. Dans l'ensemble, mon degré de satisfaction à l'égard de la démarche de supervision que je viens de vivre est :

1	**2**	**3**	**4**	**5**	
Très faible	Faible	Moyen	Élevé	Très élevé	[ ]

E. Après avoir vécu cette démarche de supervision, je la conseille aux directeurs :

1	**2**	**3**	**4**	**5**	
Beaucoup	Assez	Plus ou moins	Peu	Pas du tout	[ ]

F. Dans les mêmes conditions, j'aimerais répéter l'expérience :

1	**2**	**3**	**4**	**5**	
Beaucoup	Assez	Plus ou moins	Peu	Pas du tout	[ ]

REMARQUES : (Reportez ici les faits et les événements qui ont particulièrement attiré votre attention.)

_____

_____

_____

liste. Pour s'aider à cerner les caractéristiques et les comportements importants à observer dans la procédure, le produit ou l'attitude à mesurer en situation de supervision, le superviseur peut se demander

– pour l'appréciation d'une procédure: Quels sont les principaux comportements d'une personne habile à accomplir la tâche que l'on souhaite mesurer? Par exemple, quels sont les comportements d'un excellent enseignant? (Voir les réponses possibles au chapitre 6).

– pour l'appréciation d'un produit: Quelles sont les principales caractéristiques d'un excellent produit du genre de celui que l'on souhaite mesurer? Par exemple, quelles sont les caractéristiques d'un excellent plan de cours? Les réponses possibles sont: le plan comprend les objectifs, le contenu, les stratégies et des exemples d'éléments de mesure, il est écrit sans fautes, il n'est pas trop lourd, etc.

– pour l'appréciation d'une attitude: Quels sont les comportements habituels des sujets qui ont acquis l'attitude à mesurer? Par exemple, quels sont les comportements d'un enseignant enthousiaste? Les réponses possibles sont: cette personne planifie bien ses leçons, elle est ponctuelle, elle explique et démontre clairement, elle sourit, elle se déplace, elle est motivée, elle ne se décourage pas à la première difficulté, elle aide les élèves qui ont de la difficulté, elle n'hésite pas à participer activement.

Choix de l'échelle correspondant à l'objet mesuré

Les échelles d'évaluation servent à mesurer différentes caractéristiques sur le plan de la qualité, de la quantité, du degré ou du niveau. Elles comportent des unités, mais la distance entre ces unités n'est pas nécessairement égale, même si on fait des efforts dans ce sens. Malgré tout, l'échelle d'évaluation est représentée, de façon graphique, à l'aide de points généralement placés à égale distance les uns des autres le long d'un segment de droite.

Pour faciliter la construction d'une échelle ou d'une sous-échelle, voici quelques suggestions quant à la marche à suivre.

On définit d'abord les deux points extrêmes de l'échelle. On décrit ensuite les points placés entre ces extrêmes, en cherchant toujours à les espacer, quantitativement ou qualitativement, le plus équitablement possible. Souvent, il suffit de trois points de repère pour construire une échelle d'utilisation facile et efficace en classe. L'emploi de cinq ou de sept points permet à l'observateur d'obtenir un guide plus sensible et plus nuancé, ce qui peut s'avérer très intéressant en contexte d'apprentissage.

Placement des échelles en séquence

Pour chaque procédure, produit ou attitude à mesurer, plusieurs échelles sont utilisées (habituellement, une échelle pour chaque caractéristique ou chaque comportement important). La meilleure façon de disposer les échelles sera celle qui permet une observation aussi rapide et précise que possible.

Les éléments de ces échelles peuvent apparaître, sur le segment de droite, aussi bien en ordre croissant que décroissant, évoluant du négatif au positif, du plus petit au plus grand ou l'inverse. Pour comptabiliser les appréciations, on utilisera de préférence des nombres entiers, ce qui facilite d'autant les calculs.

Rédaction des instructions

Pour éviter toute erreur et pour permettre à toute personne intéressée de l'utiliser, il est très important de formuler clairement les instructions d'utilisation de chaque grille. Ces instructions doivent fournir au moins les informations suivantes: le nom de la procédure, du produit ou de l'attitude à mesurer; la façon de coter chaque élément; les particularités de certaines questions.

REMARQUES GÉNÉRALES CONCERNANT LES LISTES DE VÉRIFICATION ET LES ÉCHELLES D'ÉVALUATION

Le diagnostic par la liste ou par l'échelle

Particulièrement en supervision, nous ne cherchons pas à obtenir des résultats qui définissent quantitativement le rendement. En effet, nous sommes plus intéressés à détecter les points forts et les points à améliorer dans l'ensemble des facteurs pertinents à la formation optimale des élèves. Les techniques d'observation que nous venons de décrire sont particulièrement appropriées à ce contexte.

La validation d'une liste ou d'une échelle

La validité d'une liste de vérification ou d'une grille d'évaluation dépend presque entièrement des comportements ou des caractéristiques sélectionnés. C'est pourquoi il faut y prêter particulièrement attention et s'assurer que la liste des éléments inclus est complète et constituée de comportements ou de caractéristiques observables et pertinents par rapport à la procédure ou au produit à mesurer. Une bonne façon de s'en assurer consiste à la préparer en collaboration avec les personnes qui participent à la supervision.

L'expérimentation d'une liste ou d'une grille

La qualité des informations obtenues à l'aide d'une liste de vérification ou d'une grille d'évaluation est souvent fonction de l'habileté de l'observateur à utiliser ces instruments. C'est pourquoi, après avoir construit un tel instrument, on a toujours intérêt à l'essayer à plusieurs reprises avant de l'utiliser réellement. Cette pratique permet à la fois de se familiariser avec l'instrument et de déterminer d'importantes modifications à apporter, s'il y a lieu. La supervision synergique offre un contexte idéal pour procéder à cette expérimentation puisqu'elle se fonde sur la collaboration de tous, y compris le superviseur.

CONCLUSION

Dans ce chapitre, nous avons insisté sur l'observation et sur la préparation des instruments appropriés en supervision pédagogique. En pratique, il arrive souvent que ces instruments soient déjà disponibles.

L'expérience, cependant, nous a appris que plusieurs personnes hésitent à utiliser les instruments d'observation directe et indirecte, sous prétexte qu'ils ne sont pas tout à fait adaptés à leurs besoins. C'est regrettable, car ainsi elles se privent de ressources d'autant plus valables qu'elles produisent des résultats fidèles, valides et économiques.

C'est le cas, par exemple, du test PERPE (Perception étudiante de la relation professeur-étudiants). Ce test s'inscrit très bien dans une démarche d'amélioration de l'enseignement, comme la supervision synergique. Il a été validé au Québec, pour les classes des niveaux secondaire, collégial et universitaire. Le test PERPE a été utilisé et standardisé pour toutes sortes de contextes scolaires. Il est toujours disponible à l'Association des institutions d'enseignement secondaire située à Montréal. Le test PERPE permet à l'enseignant de déterminer quels sont ses points forts et d'identifier les points à améliorer dans sa pratique pédagogique avec chacun de ses groupes d'élèves.

Pour conclure, nous vous présentons, en annexe, différents instruments utiles en supervision. L'annexe 1 fournit un instrument d'appréciation de tous les facteurs de succès scolaire du modèle d'école efficace décrit au premier chapitre. L'annexe 2 suggère un instrument de mesure du climat pédagogique en classe et, finalement, l'annexe 3 présente un intrument de mesure du temps de participation active ou d'engagement des élèves en classe.

C'est ainsi que nous bouclons la boucle de notre analyse des principales conditions susceptibles de rendre efficace et accepté un processus de supervision à la fois **systématique** et **humain**.

EXERCICES

1. Parmi les énoncés suivants, lesquels sont des comportements et lesquels sont des jugements? Cochez (√) votre réponse.

ÉNONCÉS	COMPORTEMENT	JUGEMENT
1. Pierre parlait fort	☐	☐
2. Jeanne semblait perdue	☐	☐
3. André effaçait le tableau	☐	☐
4. Arthur prit un air songeur	☐	☐
5. Philippe poussait sa chaise	☐	☐
6. Renée était dans la lune	☐	☐
7. Michel était impatient	☐	☐
8. Richard prit sa gomme à effacer	☐	☐
9. Claudette poussa un grand cri	☐	☐
10. Anne avait le regard chargé d'émotion	☐	☐

2. En vous inspirant du tableau 7.2, remplissez un rapport anecdotique sur le comportement d'un enseignant à l'occasion d'un laboratoire de physique avec des élèves de cinquième secondaire.

Dossier anecdotique (1er modèle)

Nom: _____

Date: _____ Durée: _____ Matière: _____

Description du contexte

Description du comportement

Interprétation

Commentaires ou recommandation(s)

Observateur: _____

3. En vous inspirant du tableau 7.3, remplissez un rapport anecdotique imaginaire sur un comportement d'indiscipline d'un élève de 3ᵉ secondaire, à l'occasion d'un cours de mathématiques.

Dossier anecdotique (2ᵉ modèle)

Intervenant: _____   Matière: _____

Date: _____   Heure: _____

Observateur: _____

4. Préparez une liste de vérification d'une dizaine d'éléments qui vous permettrait de mesurer le climat pédagogique qui règne dans votre école (chapitres 6 et 7).

5. Un directeur observe à la dérobée l'un des enseignants de son équipe qui, croit-il, a atteint le niveau 3 (voir chapitre 4) de développement professionnel. Préparez une liste de vérification qui pourrait l'aider dans son observation (chapitre 6).

6. En utilisant des critères donnés au chapitre 6, préparez une grille d'évaluation de votre choix, sur l'un ou l'autre des facteurs d'intervention pédagogique.

BIBLIOGRAPHIE

ACHESON, K.A. et M.D. GALL *Techniques in the clinical supervision of teachers : preservice and inservice applications*, Longman, New York, 1980.

BELLON, J.J., R.E. EAKER, J.O. HUFFMAN et R.V. JONES *Classroom supervision and instructional improvement : a synergetic process*, Kendall/Hunt Publ. Co., Dubuque (Iowa), 1978.

COGAN, M.L. *Clinical supervision*, Houghton Mifflin Co., Boston, 1973.

CÔTÉ, R. et J. PLANTE *Analyse et modification du comportement*, Librairie Beauchemin, Montréal, 1985.

GOOD, T.L. et J.E. BROPHY *Looking in classrooms*, Harper and Row, New York, 1978.

GOUPIL, G. *Observer en classe*, Behaviora, Brossard, 1985.

HYMAN, R.T. *School administrator's handbook of teacher supervision and evaluation methods*, Prentice-Hall, Englewood Cliffs (N.J.), 1975.

LAPOINTE, R.E. *L'observation systématique des élèves en classe*, rapport de maîtrise, Université de Montréal, Montréal, 1980.

LEGENDRE, R. *Dictionnaire actuel de l'éducation*, Larousse, Montréal, 1988.

MORISSETTE, D. *La mesure et l'évaluation en enseignement*, Presses de l'Université Laval, Québec, 1984.

MORISSETTE, D., L. GIRARD, E. McLEAN, M. PARENT et P. LAURIN *Un enseignement de qualité par la supervision synergique : une démarche pratique pour les enseignants et les directeurs*, Presses de l'Université du Québec, Québec, 1990.

SQUIRES, D.A., W.G. HUITT et J.K. SEGARS *Effective schools and classrooms : a research-based perspective*, Association for Supervision and Curriculum Development, Alexandria (Vir.), 1984.

TOUSIGNANT, R. et D. MORISSETTE *Les principes de la mesure et de l'évaluation des apprentissages*, 2e édition, Gaëtan Morin éditeur, Boucherville, 1990.

ANNEXE 1

Instrument de mesure des indices de comportements
pédagogiques forts et des indices de comportements
pédagogiques à améliorer dans votre environnement éducatif,
en rapport avec la réussite scolaire
(traduction et adaptation de Squires *et al.,* 1984)

FICHE D'OBSERVATION

Grille d'apprentissage des indices de comportements pédagogiques forts et des indices de comportements pédagogiques à améliorer dans votre environnement éducatif, en rapport avec la réussite scolaire.

OBJECTIF : Vérifier le taux d'efficacité des cinq facteurs associés à la réussite scolaire dans votre établissement.

A) Le comportement des élèves
(Leur engagement dans les projets d'études)

Légende des niveaux d'appréciation des indices comportementaux

1. Cet indice est tout à fait absent de notre vécu scolaire.
2. Cet indice est très peu présent dans notre vécu scolaire.
3. Cet indice est un peu présent dans notre vécu scolaire, mais pas de façon significative (cas isolés, etc.).
4. Cet indice est assez présent dans notre vécu scolaire pour être considéré comme un facteur positif.
5. Cet indice s'avère une force positive importante dans notre vécu scolaire.
6. Cet indice s'avère une force positive très importante dans notre vécu scolaire (symbole d'excellence).

INDICES COMPORTEMENTAUX	ÉCHELLE D'ÉVALUATION					
	1	2	3	4	5	6
1. En moyenne, les élèves ont-ils des études journalières suffisantes en langue maternelle et en langue seconde ?	☐	☐	☐	☐	☐	☐
2. En moyenne, les élèves ont-ils des études journalières suffisantes en mathématiques ?	☐	☐	☐	☐	☐	☐
3. La plupart du temps, les élèves sont-ils engagés dans leurs études ?	☐	☐	☐	☐	☐	☐
4. Les élèves couvrent-ils toute la matière (théorie et pratique) mesurée lors des examens ?	☐	☐	☐	☐	☐	☐
5. Les élèves ont-ils maîtrisé les préalables avant d'aborder de nouveaux apprentissages ?	☐	☐	☐	☐	☐	☐
6. En moyenne, les élèves obtiennent-ils du succès dans leurs études ?	☐	☐	☐	☐	☐	☐
7. En moyenne, les élèves maîtrisent-ils l'ensemble du contenu des matières relatives à la langue maternelle, à la langue seconde et aux mathématiques ?	☐	☐	☐	☐	☐	☐
8. En moyenne, les élèves maîtrisent-ils, dans l'ensemble, le contenu des matières autres que celles qui sont relatives aux langues maternelle et seconde, et aux mathématiques ?	☐	☐	☐	☐	☐	☐

INDICES COMPORTEMENTAUX	ÉCHELLE D'ÉVALUATION					
	1	2	3	4	5	6
9. En moyenne, les élèves ont-ils un temps d'engagement suffisant?	☐	☐	☐	☐	☐	☐
10. En moyenne, dans quelle mesure les élèves s'engagent-ils dans des activités parascolaires de nature éducative, sportive, culturelle ou sociale?	☐	☐	☐	☐	☐	☐
11. En moyenne, les élèves ont-ils de nombreuses occasions de répondre en classe?	☐	☐	☐	☐	☐	☐

B) Le comportement des enseignants
(Planification, interaction, évaluation)

Légende des niveaux d'appréciation
des indices comportementaux

1. Cet indice est tout à fait absent de notre vécu scolaire.
2. Cet indice est très peu présent dans notre vécu scolaire.
3. Cet indice est un peu présent dans notre vécu scolaire, mais pas de façon significative (cas isolés, etc.).

4. Cet indice est assez présent dans notre vécu scolaire pour être considéré comme un facteur positif.
5. Cet indice s'avère une force positive importante dans notre vécu scolaire.
6. Cet indice s'avère une force positive très importante dans notre vécu scolaire (symbole d'excellence).

INDICES COMPORTEMENTAUX	ÉCHELLE D'ÉVALUATION					
	1	2	3	4	5	6
1. Dès le début de l'année, la plupart des enseignants planifient-ils leur année scolaire?	☐	☐	☐	☐	☐	☐
2. Les enseignants planifient-ils suffisamment à l'avance pour que le matériel et les activités correspondent étroitement aux objectifs et aux finalités qui servent à évaluer leur programme?	☐	☐	☐	☐	☐	☐
3. Les enseignants détiennent-ils et utilisent-ils des informations relatives au rendement antérieur de leurs élèves?	☐	☐	☐	☐	☐	☐
4. Avant l'arrivée des élèves, les enseignants ont-ils prévu des façons d'améliorer la gestion de leur classe, incluant:						
– l'analyse des tâches en classe?	☐	☐	☐	☐	☐	☐
– la détermination des comportements souhaités et souhaitables?	☐	☐	☐	☐	☐	☐
– la création de moyens mieux appropriés à l'enseignement des règles ou des procédures?	☐	☐	☐	☐	☐	☐
5. Les enseignants planifient-ils en fonction du succès de leurs élèves?	☐	☐	☐	☐	☐	☐
6. Leurs attentes sont-elles élevées à cet égard?	☐	☐	☐	☐	☐	☐
7. Les enseignants s'assurent-ils que les transitions d'une activité à l'autre se font avec une perte minimale de temps d'enseignement?	☐	☐	☐	☐	☐	☐
8. Tous les élèves ont-ils à peu près le même nombre d'occasions de répondre aux questions et de participer aux activités de la classe?	☐	☐	☐	☐	☐	☐
9. Les enseignants insistent-ils sur l'application des règlements en classe, de sorte que les problèmes d'indiscipline soient plutôt rares?	☐	☐	☐	☐	☐	☐

B) Le comportement des enseignants
(Planification, interaction, évaluation)
(suite)

INDICES COMPORTEMENTAUX	ÉCHELLE D'ÉVALUATION					
	1	2	3	4	5	6
10. Les enseignants commencent-ils la classe à temps et la poursuivent-ils sans interruption ?	☐	☐	☐	☐	☐	☐
11. Les enseignants prennent-ils suffisamment de temps pour présenter, expliquer ou démontrer au groupe les nouveaux contenus ou les nouvelles habiletés ?	☐	☐	☐	☐	☐	☐
12. Les explications et les directives des enseignants sont-elles claires et compréhensibles ?	☐	☐	☐	☐	☐	☐
13. Les enseignants procurent-ils aux élèves suffisamment d'occasions de pratiquer et de stabiliser les apprentissages récemment acquis ?	☐	☐	☐	☐	☐	☐
14. Les enseignants orientent-ils suffisamment la performance de leurs élèves, particulièrement grâce à une rétroaction enrichissante ?	☐	☐	☐	☐	☐	☐
15. Les enseignants ne donnent-ils des travaux, en classe ou à la maison, qu'après s'être assurés de la compréhension des concepts et des habiletés ?	☐	☐	☐	☐	☐	☐
16. Les enseignants contrôlent-ils régulièrement les apprentissages des élèves ?	☐	☐	☐	☐	☐	☐
17. Les enseignants utilisent-ils un système de gestion et de notation des résultats obtenus par les élèves dans la poursuite des objectifs des programmes ?	☐	☐	☐	☐	☐	☐
18. Les enseignants offrent-ils des mises en situation qui invitent à la participation ?	☐	☐	☐	☐	☐	☐
19. Les enseignants posent-ils des questions appropriées ?	☐	☐	☐	☐	☐	☐
20. Les enseignants détectent-ils les premières manifestations de comportements inappropriés ?	☐	☐	☐	☐	☐	☐
21. Les enseignants créent-ils une ambiance de travail positive ?	☐	☐	☐	☐	☐	☐
22. Les enseignants évitent-ils de dénigrer un élève devant la classe ?	☐	☐	☐	☐	☐	☐
23. Les enseignants font-ils participer les non-exécutants ?	☐	☐	☐	☐	☐	☐
24. Les enseignants ajustent-ils le degré de difficulté des tâches aux aptitudes des élèves ?	☐	☐	☐	☐	☐	☐
25. Les enseignants réagissent-ils davantage aux élèves qui en ont le plus besoin ?	☐	☐	☐	☐	☐	☐
26. Les enseignants font-ils part des critères de réussite pour chaque mise en situation d'apprentissage ?	☐	☐	☐	☐	☐	☐

B) Le comportement des enseignants
(Planification, interaction, évaluation)
(suite)

INDICES COMPORTEMENTAUX	ÉCHELLE D'ÉVALUATION 1 2 3 4 5 6
27. Les enseignants véhiculent-ils de l'information spécifique et positive dans leurs réactions envers les élèves?	☐ ☐ ☐ ☐ ☐ ☐
28. Les enseignants prennent-ils les moyens pour que certains élèves ne monopolisent pas toute leur attention?	☐ ☐ ☐ ☐ ☐ ☐
29. Les enseignants ont-ils recours, avec à-propos, au procédé d'extinction?	☐ ☐ ☐ ☐ ☐ ☐
30. Les enseignants utilisent-ils des styles d'enseignement qui respectent les besoins des élèves?	☐ ☐ ☐ ☐ ☐ ☐
31. Les enseignants utilisent-ils un répertoire varié de réactions?	☐ ☐ ☐ ☐ ☐ ☐
32. Les enseignants amènent-ils les membres du groupe-classe à devenir des agents de renforcement?	☐ ☐ ☐ ☐ ☐ ☐
33. Les enseignants offrent-ils des mises en situation d'apprentissage présentant un taux optimal d'engagement des élèves dans des activités ou des tâches d'apprentissage?	☐ ☐ ☐ ☐ ☐ ☐

C) La supervision
(Engagement du personnel de direction de l'école)

Légende des niveaux d'appréciation
des indices comportementaux

1. Cet indice est tout à fait absent de notre vécu scolaire.
2. Cet indice est très peu présent dans notre vécu scolaire.
3. Cet indice est un peu présent dans notre vécu scolaire, mais pas de façon significative (cas isolés, etc.).

4. Cet indice est assez présent dans notre vécu scolaire pour être considéré comme un facteur positif.
5. Cet indice s'avère une force positive importante dans notre vécu scolaire.
6. Cet indice s'avère une force positive très importante dans notre vécu scolaire (symbole d'excellence).

INDICES COMPORTEMENTAUX	ÉCHELLE D'ÉVALUATION					
	1	2	3	4	5	6
1. La direction de l'école observe-t-elle régulièrement l'enseignement qui se donne en classe?	☐	☐	☐	☐	☐	☐
2. La direction de l'école rencontre-t-elle régulièrement les enseignants pour discuter de ce qui se passe en classe?	☐	☐	☐	☐	☐	☐
3. L'école, en tant qu'établissement, s'est-elle donnée des politiques, des critères et des procédures pour évaluer le personnel enseignant en se centrant sur la gestion de l'enseignement, sur le succès des élèves et sur l'exhaustivité des enseignements?	☐	☐	☐	☐	☐	☐
4. La direction de l'école et le personnel professionnel ont-ils reçu la formation nécessaire pour évaluer et superviser l'enseignement de façon à rendre ces activités acceptées et significatives?	☐	☐	☐	☐	☐	☐
5. La direction de l'école et les enseignants abordent-ils les conflits souvent présents en supervision de façon directe?	☐	☐	☐	☐	☐	☐
6. Les informations enregistrées lors de l'évaluation ou de la supervision se rapportent-elles à des aspects importants tels que la participation des élèves, leur succès ou l'exhaustivité des enseignements?	☐	☐	☐	☐	☐	☐
7. La direction de l'école valorise-t-elle de façon directe les points forts de l'intervention pédagogique des enseignants?	☐	☐	☐	☐	☐	☐
8. La direction de l'école a-t-elle une attitude positive envers la supervision pédagogique?	☐	☐	☐	☐	☐	☐

D) Le climat de l'école
(Engagement des agents d'éducation et des élèves
dans la création d'un climat de travail valorisant)

Légende des niveaux d'appréciation
des indices comportementaux

1. Cet indice est tout à fait absent de notre vécu scolaire.
2. Cet indice est très peu présent dans notre vécu scolaire.
3. Cet indice est un peu présent dans notre vécu scolaire, mais pas de façon significative (cas isolés, etc.).
4. Cet indice est assez présent dans notre vécu scolaire pour être considéré comme un facteur positif.
5. Cet indice s'avère une force positive importante dans notre vécu scolaire.
6. Cet indice s'avère une force positive très importante dans notre vécu scolaire (symbole d'excellence).

INDICES COMPORTEMENTAUX	ÉCHELLE D'ÉVALUATION					
	1	2	3	4	5	6
1. Les élèves s'attendent-ils à maîtriser les programmes et y parviennent-ils?	☐	☐	☐	☐	☐	☐
2. Les personnels de l'école agissent-ils en conformité avec la priorité accordée par l'école aux activités d'enseignement?	☐	☐	☐	☐	☐	☐
3. Les enseignants donnent-ils et corrigent-ils des travaux à faire à la maison?	☐	☐	☐	☐	☐	☐
4. Les enseignants récompensent-ils et renforcent-ils les bons résultats en classe?	☐	☐	☐	☐	☐	☐
5. Les apprentissages scolaires constituent-ils la principale priorité, dans l'école?	☐	☐	☐	☐	☐	☐
6. Les élèves perçoivent-ils qu'il y accord, dans l'école, pour faire respecter les règlements et pour contrôler les comportements en classe?	☐	☐	☐	☐	☐	☐
7. Est-ce qu'une grande majorité des élèves détiennent des postes de responsabilité, participent aux activités communes de l'école, utilisent la bibliothèque et se préoccupent des services disponibles à l'école?	☐	☐	☐	☐	☐	☐
8. Les punitions sont-elles attribuées de sorte qu'une désapprobation des inconduites aille de pair avec une valorisation des personnes dans un contexte de non-violence?	☐	☐	☐	☐	☐	☐
9. Quelle est l'accessibilité des enseignants pour ce qui est de rencontrer les élèves et de discuter des problèmes qu'ils ont?	☐	☐	☐	☐	☐	☐
10. Les élèves perçoivent-ils que l'école les aide à maîtriser les apprentissages scolaires?	☐	☐	☐	☐	☐	☐
11. Les élèves sont-ils convaincus que, pour réussir, le travail est plus important que la chance ou le hasard?	☐	☐	☐	☐	☐	☐

D) Le climat de l'école
(Engagement des agents d'éducation et des élèves dans la création d'un climat de travail valorisant)
(suite)

INDICES COMPORTEMENTAUX	ÉCHELLE D'ÉVALUATION					
	1	2	3	4	5	6
12. Des modèles positifs de comportement sont-ils fournis par le personnel de l'école?	☐	☐	☐	☐	☐	☐
13. Les enseignants félicitent-ils les élèves qui font du bon travail?	☐	☐	☐	☐	☐	☐
14. La direction de l'école est-elle perçue, par les autres personnels de l'école, comme considérant tout le monde avec justice et égalité?	☐	☐	☐	☐	☐	☐
15. Les enseignants planifient-ils leurs cours ensemble?	☐	☐	☐	☐	☐	☐
16. Est-ce qu'une grande proportion des élèves détiennent des postes de responsabilité?	☐	☐	☐	☐	☐	☐
17. Les enseignants ont-ils des échanges ou des discussions sur plusieurs sujets, même personnels, avec un nombre limité d'élèves?	☐	☐	☐	☐	☐	☐
18. Les personnels de l'école en sont-ils venus à un consensus sur les modèles de comportements souhaitables pour les enseignants, les élèves et la direction de l'école?	☐	☐	☐	☐	☐	☐
19. L'école enseigne-t-elle à ceux qui travaillent et qui réussissent que rien ne pourra arrêter leur progression?	☐	☐	☐	☐	☐	☐
20. Les enseignants récompensent-ils le rendement en classe et complimentent-ils ceux qui font du bon travail?	☐	☐	☐	☐	☐	☐
21. Les enseignants ont-ils l'impression que leur point de vue est pris en compte quand vient le temps de décider?	☐	☐	☐	☐	☐	☐
22. Les rétroactions que reçoivent les élèves sont-elles plutôt de type renforcement et félicitations que de type punition?	☐	☐	☐	☐	☐	☐
23. La direction de l'école fournit-elle une aide appropriée tant en ce qui concerne le perfectionnement des personnels qu'en ce qui a trait aux possibilités de coordination des actions éducatives en enseignement ou en formation?	☐	☐	☐	☐	☐	☐
24. La direction de l'école observe-t-elle régulièrement ce qui se passe en classe et discute-t-elle souvent de problèmes d'enseignement avec le personnel enseignant?	☐	☐	☐	☐	☐	☐

E) Le rendement des élèves
(L'évaluation des apprentissages)

Légende des niveaux d'appréciation
des indices comportementaux

1. Cet indice est tout à fait absent de notre vécu scolaire.

2. Cet indice est très peu présent dans notre vécu scolaire.

3. Cet indice est un peu présent dans notre vécu scolaire, mais pas de façon significative (cas isolés, etc.).

4. Cet indice est assez présent dans notre vécu scolaire pour être considéré comme un facteur positif.

5. Cet indice s'avère une force positive importante dans notre vécu scolaire.

6. Cet indice s'avère une force positive très importante dans notre vécu scolaire (symbole d'excellence).

INDICES COMPORTEMENTAUX	ÉCHELLE D'ÉVALUATION					
	1	2	3	4	5	6
1. Utilise-t-on des tests de rendement pour mesurer la maîtrise des habiletés de base?	☐	☐	☐	☐	☐	☐
2. Les résultats aux tests standardisés sont-ils communiqués de façon compréhensible et appropriée:						
– aux élèves	☐	☐	☐	☐	☐	☐
– aux enseignants	☐	☐	☐	☐	☐	☐
– aux gestionnaires	☐	☐	☐	☐	☐	☐
– aux membres de la commission scolaire	☐	☐	☐	☐	☐	☐
– aux membres de la communauté (parents et autres)?	☐	☐	☐	☐	☐	☐
3. La commission scolaire a-t-elle statué que le succès des élèves constituait une priorité du système en entier?	☐	☐	☐	☐	☐	☐
4. Les systèmes de gestion de toute la commission scolaire et les modèles d'enseignement sont-ils conçus pour favoriser le rendement des élèves?	☐	☐	☐	☐	☐	☐
5. Les résultats obtenus aux tests de rendement sont-ils utilisés pour ajuster les contenus des programmes et les modèles d'enseignement?	☐	☐	☐	☐	☐	☐

INDICES FORTS	INDICES À AMÉLIORER

Profil d'action visant le renforcement ou l'amélioration des indices de comportements pédagogiques de votre environnement éducatif

ACTIONS À PRIVILÉGIER À LA SUITE DE L'ANALYSE	PERSONNE QUI INTER-VIENDRA DANS LE DOSSIER	CALENDRIER

ANNEXE 2

Instrument de mesure du climat pédagogique de la classe,
tel que déterminé par les traits de caractère de l'enseignant

L'enseignant, principal agent responsable du climat pédagogique de la classe

Lorsqu'on discute du climat pédagogique de la classe, plusieurs idées et concepts reviennent sans cesse: influence de l'enseignant, distance émotionnelle, démocratie, autoritarisme, intégration, empathie, etc. La recherche sur le climat pédagogique en classe s'est intéressée à l'étude de ces idées et de ces concepts. Les résultats obtenus confirment que les enseignants, en vertu de la nature même de leurs fonctions et selon leurs traits de caractère, leurs habiletés et leurs attitudes, déterminent en majeure partie le type de climat de la classe.

Nous vous suggérons ici un instrument de mesure qui peut permettre d'apprécier le climat pédagogique d'une classe d'après 28 paires d'adjectifs illustrant la démarche pédagogique de l'enseignant.

Cet instrument est, en fait, une fiche d'évaluation à échelle numérique dont le spectre comprend sept niveaux. Il permet de porter un jugement différencié sur chacune des 28 paires d'adjectifs.

Mode d'utilisation de l'instrument

1. Lisez attentivement les 28 paires d'adjectifs.
2. Prévoyez une période d'observation de 30 à 40 minutes.
3. Observez le déroulement de la classe en ayant en tête les 28 paires d'adjectifs.
4. Appréciez la pratique pédagogique de l'enseignant en noircissant, pour chacune des 28 paires, la case correspondant à votre degré d'appréciation.

Si vous croyez que l'adjectif *original* décrit correctement la personne observée, noircissez la première case de gauche (valeur 7).

Échelle numérique	7	6	5	4	3	2	1	Échelle numérique
1. Original	■	□	□	□	□	□	□	1. Traditionnel

Si vous estimez que l'adjectif *traditionnel* décrit correctement la personne observée, noircissez la première case de droite (valeur 1).

Échelle numérique	7	6	5	4	3	2	1	Échelle numérique
1. Original	□	□	□	□	□	□	■	1. Traditionnel

Si vous pensez que l'adjectif *original* est trop fort, noircissez la deuxième case de gauche (valeur 6); s'il n'est que très partiellement descriptif, noircissez la troisième case de gauche (valeur 5) de l'échelle numérique.

Si vous pensez que l'adjectif *traditionnel* est trop fort, noircissez la deuxième case de droite (valeur 2); s'il n'est que très partiellement descriptif, noircissez la troisième case de droite (valeur 3) de l'échelle numérique.

Si vous pensez que les deux adjectifs sont également appropriés ou inappropriés, noircissez la case du centre (valeur 4) de l'échelle numérique.

Appréciez ainsi chacune des 28 paires d'adjectifs de l'instrument.

FICHE D'ÉVALUATION

Le climat pédagogique de la classe

OBJECTIF: Mesurer le climat pédagogique de la classe tel que déterminé par les traits de caractère de l'enseignant.

Directives: Pour chacun des éléments, noircissez la case qui correspond à votre degré d'appréciation.

Échelle numérique	7	6	5	4	3	2	1	Échelle numérique
1. Original	☐	☐	☐	☐	☐	☐	☐	1. Traditionnel
2. Patient	☐	☐	☐	☐	☐	☐	☐	2. Impatient
3. Froid	☐	☐	☐	☐	☐	☐	☐	3. Chaleureux
4. Hostile	☐	☐	☐	☐	☐	☐	☐	4. Amical
5. Innovateur	☐	☐	☐	☐	☐	☐	☐	5. Routinier
6. Prohibitif	☐	☐	☐	☐	☐	☐	☐	6. Permissif
7. Iconoclaste	☐	☐	☐	☐	☐	☐	☐	7. Ritualiste
8. Agréable	☐	☐	☐	☐	☐	☐	☐	8. Désagréable
9. Injuste	☐	☐	☐	☐	☐	☐	☐	9. Juste
10. Inconstant	☐	☐	☐	☐	☐	☐	☐	10. Tenace
11. Circonspect	☐	☐	☐	☐	☐	☐	☐	11. Aventureux
12. Désordonné	☐	☐	☐	☐	☐	☐	☐	12. Ordonné
13. Asocial	☐	☐	☐	☐	☐	☐	☐	13. Sociable
14. Ingénieux	☐	☐	☐	☐	☐	☐	☐	14. Maladroit
15. Renfermé	☐	☐	☐	☐	☐	☐	☐	15. Communicatif
16. Imaginatif	☐	☐	☐	☐	☐	☐	☐	16. Rigoureux
17. Irrégulier	☐	☐	☐	☐	☐	☐	☐	17. Systématique
18. Agressif	☐	☐	☐	☐	☐	☐	☐	18. Passif
19. Accueillant	☐	☐	☐	☐	☐	☐	☐	19. Non accueillant
20. Calme	☐	☐	☐	☐	☐	☐	☐	20. Agité
21. Pédant	☐	☐	☐	☐	☐	☐	☐	21. Modeste
22. Assuré	☐	☐	☐	☐	☐	☐	☐	22. Hésitant
23. Négligé	☐	☐	☐	☐	☐	☐	☐	23. Appliqué
24. Dominant	☐	☐	☐	☐	☐	☐	☐	24. Subordonné
25. Attentif	☐	☐	☐	☐	☐	☐	☐	25. Distrait
26. Introverti	☐	☐	☐	☐	☐	☐	☐	26. Extraverti
27. Directif	☐	☐	☐	☐	☐	☐	☐	27. Non directif
28. Craintif	☐	☐	☐	☐	☐	☐	☐	28. Confiant

Personne observée: _____ **Observateur:** _____

Date: _____ **Classe:** _____ **Matière:** _____

Mode d'entrée et d'analyse des données de l'instrument

1. Noircissez l'une des sept cases du spectre de valeur séparant chacune des 28 paires d'adjectifs (éléments).
2. Inscrivez la valeur numérique de la première paire d'adjectifs «Original-Traditionnel» dans la formule présentée ci-dessous.
3. Répétez cette opération pour chacune des 28 paires d'adjectifs.
4. Calculez les scores pour chacune des quatre dimensions retenues.

Formule d'entrée de données et de calcul des scores pour chacune des quatre dimensions du climat de la classe :

I. Créativité

Éléments $(\ 1 \ + \ 5 \ + \ 7 \ + \ 16 \ ) \ - \ (\ 6 \ + \ 11 \ + \ 28 \ ) \ + \ 18$
$(\_ \ + \_ \ + \_ \ + \_ \ ) \ - \ (\_ \ + \_ \ + \_ \ ) \ + \ 18 = _____$

II. Dynamisme

Éléments $(\ 18 \ + \ 21 \ + \ 24 \ + \ 27 \ ) \ - \ (\ 15 \ + \ 20 \ + \ 26 \ ) \ + \ 18$
$(\_ \ + \_ \ + \_ \ + \_ \ ) \ - \ (\_ \ + \_ \ + \_ \ ) \ + \ 18 = _____$

III. Organisation et contrôle

Éléments $(\ 14 \ + \ 22 \ + \ 25 \ ) \ - \ (\ 10 \ + \ 12 \ + \ 17 \ + \ 23 \ ) \ + \ 26$
$(\_ \ + \_ \ + \_ \ ) \ - \ (\_ \ + \_ \ + \_ \ + \_ \ ) \ = _____$

IV. Empathie et chaleur

Éléments $(\ 2 \ + \ 8 \ + \ 19 \ ) \ - \ (\ 3 \ + \ 4 \ + \ 9 \ + \ 13 \ ) \ + \ 26$
$(\_ \ + \_ \ + \_ \ ) \ - \ (\_ \ + \_ \ + \_ \ + \_ \ ) \ = _____$

Nota : Dans la formule, les nombres 18 et 26 sont respectivement ajoutés aux catégories I, II, III et IV afin d'éviter d'obtenir des scores négatifs, difficiles à interpréter. Cette façon de procéder fixe le score minimal de chaque catégorie à 1.

Cet instrument vous permet de déterminer les traits dominants d'un enseignant qui ont une influence sur le climat de la classe. Dans un processus de supervision, la connaissance des traits souhaitables existants et des traits à améliorer chez la personne observée représente une information importante. Elle permet au superviseur de mettre au point soit une stratégie de renforcement, soit une stratégie de modification du comportement.

Nous vous présentons ci-après un exemple de formulaire d'évaluation du climat pédagogique de la classe, traduit et adapté de l'instrument d'observation mis au point par Bruce Tuckman (voir Hyman, 1975).

RAPPORT D'ÉVALUATION DU CLIMAT PÉDAGOGIQUE

Enseignant: _____   Date: _____

Classe: _____

Objet d'intérêt: _____

_____

_____

Objectif de changement: _____

_____

_____

Activités et stratégie de changement:

A) _____

B) _____

C) _____

D) _____

Objectif de maintien:

_____

_____

Activités et stratégie de maintien:

A) _____

B) _____

C) _____

D) _____

Date de la prochaine observation: _____

Superviseur: _____

ANNEXE 3

Instrument de mesure du temps de participation active
ou d'engagement des élèves en classe
(traduction et adaptation de Squires *et al.*, 1984)

Dans cette troisième annexe, nous vous présentons des instruments pouvant servir à mesurer le temps de participation active ou d'engagement des élèves en classe.

La participation active peut être obtenue par le calcul du **temps alloué à l'apprentissage**, du **ratio de temps de participation des élèves** du groupe-classe et du **temps de participation des élèves** à des activités d'apprentissage prévues à l'horaire.

Le temps alloué

Les données sur le temps alloué peuvent être recueillies par un superviseur ou un enseignant qui note sur une fiche le moment réel du début et de la fin des classes, plutôt que les moments prévus à l'horaire.

FICHE DE TEMPS ALLOUÉ

Enseignant: *Bertrand Bouchard* Classe: *3P*
Date: *27.03.91*

Matière: *Mathématiques* Matière: *Français*

Activités	Début	Fin	Temps (min)
Résolution de problème	8:45	8:57	12
Enseignement au groupe-classe	9:53	10:10	17
Travail individuel	10:10	10:25	15
Travail de groupe	1:05	1:27	22
			66

Activités	Début	Fin	Temps (min)
Enseignement	9:01	9:30	29
Travail individuel	9:35	9:44	9
Travail de groupe	10:45	11:45	60
Épellation	1:30	1:41	11
Travail individuel	2:00	2:20	20
			129

Dans l'exemple proposé, l'enseignant Bouchard a tout simplement dressé une liste des activités prévues à l'horaire pour ses classes de français et de mathématiques du 27 mars 1991. Puis, il a noté soigneusement l'heure exacte du début et de la fin de chaque activité. À la fin de la journée, il a fait le calcul du temps consacré à chaque activité, pour finalement en faire la somme et obtenir le temps réel alloué à ses classes de français et de mathématiques, ce jour-là.

Le ratio de temps de participation active ou d'engagement

Pour des raisons d'ordre pratique, il est préférable que le calcul du ratio de temps de participation soit effectué par une autre personne que l'enseignant lui-même, par exemple un superviseur ou un pair.

Le superviseur et la personne observée doivent a priori définir conjointement les tâches qui nécessitent l'engagement ou la participation active des élèves dans la poursuite des objectifs d'apprentissage, et celles qui ne l'exigent pas. Par exemple, un élève peut être engagé dans des activités ou des tâches telles que lire, écrire, répondre à une question de l'enseignant, regarder et écouter un autre élève qui répond à une question, etc. (toute autre activité en relation directe avec les objectifs d'apprentissage visés).

Lorsque les élèves ne sont pas engagés dans l'une ou l'autre des activités ou des tâches prévues, ils sont considérés comme non engagés.

Nous définissons, ci-après, quatre catégories de comportements dans lesquelles les élèves ne sont pas engagés dans des activités ou des tâches visant des apprentissages de nature scolaire.

DÉFINITIONS DES COMPORTEMENTS SANS ENGAGEMENTS D'ÉLÈVES

Organisation et transition :	Activités de préparation à l'étude, attente, écoute de directives d'organisation et de gestion, passage d'une activité à une autre.
Socialisation :	Interaction sociale ou observation du phénomène.
Discipline :	Réprimande, punition ou observation du phénomène.
Inoccupation/ observation :	Vagabondage intellectuel, déplacement sans but, distraction, observation des autres qui travaillent, jeu avec du matériel.
Hors classe :	Sortie temporaire de la classe.

Finalement, le calcul du ratio de temps de participation active ou d'engagement (RTPA) des élèves peut être effectué à l'aide de la formule suivante :

$$RTPA = \frac{\text{Total des élèves engagés}}{\text{Total des élèves observés}}$$

Une fiche d'observation permettant d'enregistrer les données nécessaires au calcul du ratio de temps de participation active (d'engagement) est fournie à la fin de l'annexe.

FICHE DE RATIO DE TEMPS DE PARTICIPATION ACTIVE

Enseignant: *Bertrand Bouchard* École: *Sainte-Bernadette* *27.03.91*

Matière: *Mathématiques* Nombre d'élèves présents: *20*

Classe: *3P* Moment de l'observation pendant la classe: Début_____ Milieu ✓ Fin_____

Superviseur: *Antoine Beauregard*

OBSERVATIONS	1	2	3	4	5	6	7	8	9	10	11	12	13	14	15	Total	RATIO DE PARTICIPATION ACTIVE OU D'ENGAGEMENT
TEMPS	10:00	10:01	10:02	10:03	10:04	10:05	10:06	10:07	10:08	10:09	10:10	10:11	10:12	10:13	10:14	Total	
OCCUPATION																	
Nombre d'élèves	20	20	20	20	20	20	20	20	20	20	20	20	20	20	20	300	Nombre total d'élèves
Organisation/ transition		II		II	II	I			卌 III	卌 III / II IIII	卌 III / II I	III				46	
Socialisation				II	II								II		II	8	
Discipline												卌		卌	卌 III / IIII	14	
Inoccupation/ observation	I				IIII	II		II	IIII	II	卌	I		卌	II	32	
Hors classe																	
Total des élèves non engagés	1	2	0	4	8	3	0	2	12	17	16	9	2	10	14	100	
Total des élèves engagés	19	18	20	16	12	17	20	18	8	3	4	11	18	10	6	200	Total des élèves engagés $\frac{200}{300}$ = 67 %

Dans l'exemple proposé, l'observateur est entré dans la classe au milieu de la leçon et il a effectué 15 observations, à une minute d'intervalle. Lors de chaque observation, il a noté le nombre d'élèves non engagés et inscrit ses données d'observation dans les cases appropriées. À la fin de chaque observation, il a calculé le nombre d'élèves non engagés et l'a soustrait du nombre d'élèves en observation pour obtenir le nombre total d'élèves engagés.

Enfin, l'observateur a effectué, dans un premier temps, le calcul du nombre d'élèves observés lors de toutes les observations, et dans un deuxième temps, le calcul du nombre total des élèves qui étaient engagés.

Le total des élèves observés s'obtient par la multiplication du nombre d'élèves dans la classe (ou faisant l'objet de l'observation) par le nombre total d'observations. Dans notre exemple, un total de 300 observations d'élèves ont été ainsi accomplies, soit 20 élèves × 15 observations.

Le total d'élèves engagés s'obtient simplement par l'addition des données de chacune des observations effectuées. Dans notre exemple, 200 élèves ont été engagés.

Le ratio de temps de participation active ou d'engagement est donc de $\frac{200}{300}$, soit 67 %.

Tiré et adapté de Squires, D.A., W.G. Huitt et J.K. Segars (1984).

Le temps de participation active ou d'engagement

La troisième mesure, le temps de participation active des élèves, est le produit de la multiplication du temps alloué par le ratio de temps de participation active.

Une façon de superviser la participation des élèves consiste à comptabiliser, sur une fiche préparée à cet effet, les résultats des différentes observations effectuées pour une période de l'année ou pour une année entière.

FICHE SOMMAIRE DE TEMPS DE PARTICIPATION ACTIVE

École: *Sainte-Bernadette*   Année: *1991*

Enseignant: *Bertrand Bouchard*   Matière: *Mathématiques*

Date	Superviseur	Moment de l'observation pendant la classe	Ratio du temps d'engage-ment	Temps alloué	Temps d'engage-ment des élèves	Moyenne des temps d'engage-ment
12.01	Antoine Beauregard	Début	55 %	60 min	33 min	—
27.03	Antoine Beauregard	Milieu	67 %	66 min	44 min	38 min

Dans l'exemple proposé, on a noté au sommaire les données d'une première observation effectuée le 12 janvier, lors d'une leçon de mathématiques de M. Bouchard.

L'observation du 23 mars révèle un temps alloué de 66 minutes et un ratio de temps de participation (engagement) de 67 %, dont le produit donne 44 minutes de temps de participation active ou de temps d'engagement des élèves.

Finalement, la moyenne des temps de participation active des deux observations donne 38 minutes de temps d'engagement.

L'utilisation d'une telle fiche sommaire permet de superviser le temps d'engagement des élèves dans plusieurs matières tout au long de l'année scolaire et, au besoin, de prendre les mesures qui s'imposent.

FICHE DE TEMPS ALLOUÉ

Enseignant : _____   Classe : _____
                                          Date : _____

Matière : _____   Matière : _____

Activité	Début	Fin	Temps (min)

Activité	Début	Fin	Temps (min)

Enseignant: _____

Matière: _____

Classe: _____

Superviseur: _____

École: _____

Nombre d'élèves présents: _____

Moment de l'observation
pendant la classe: Début _____ Milieu _____ Fin _____

OBSERVATIONS	1	2	3	4	5	6	7	8	9	10	11	12	13	14	15		RATIO DE PARTICIPATION ACTIVE OU D'ENGAGEMENT
TEMPS																	
OCCUPATION																Total	
Nombre d'élèves																	
Organisation/ transition																	
Socialisation																	Nombre total d'élèves
Discipline																	Total des élèves engagés
Inoccupation/ observation																	
Hors classe																	___ = ___ %
Total des élèves non engagés																	
Total des élèves engagés																	

FICHE SOMMAIRE DE TEMPS DE PARTICIPATION ACTIVE

École: _____ Année: _____

Enseignant: _____ Matière: _____

Date	Superviseur	Moment de l'observation pendant la classe	Ratio du temps d'engage-ment	Temps alloué	Temps d'engage-ment des élèves	Moyenne des temps d'engage-ment

INDEX

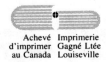

Achevé   Imprimerie
d'imprimer Gagné Ltée
au Canada Louiseville